開発調査というしかけ

—途上国と開発コンサルタント—

橋本強司

創成社新書
27

まえがき

私は開発コンサルタントを天職と心得、生涯一開発コンサルタントを標榜している。これまで28年間にわたって、日本の政府開発援助（ＯＤＡ）のもと独立行政法人国際協力機構（ＪＩＣＡ）による開発調査に携わってきた。私の開発コンサルタント生涯も先が見えてきたが、振り返ってみると日本のＯＤＡのなかで開発調査について論じた書籍は皆無といっても良いと気がついた。

これはおかしなことである。日本のＯＤＡのうち円借款は批判的な見方も含めて比較的良く知られているだろう。青年海外協力隊については幅広く募集が行われており、その広告を目にした人は多いはずである。ところが日本のＯＤＡにおいて重要な位置を占める開発調査は、一般の人々にはほとんど知られていないのではないだろうか。その内容はいうに及ばず、存在すらほとんど知られていないように思う。要するに開発調査は社会的に認知されていないわけである。

このことと開発調査において中心的役割を果たす開発コンサルタントという職業が、社会的にあまり認知されていないこととは関係していると私は思う。このことが日本のODAに対する国民的理解が広がらない原因の大きな部分を占めるのではないか、と私は思うに至った。

2008年10月のJICAと国際協力銀行（JBIC）との統合を契機として、日本のODAの実施体制や内容について関係者が議論を重ねている。そのなかで開発調査は厳しい見方をされていると伝え聞く。開発調査不要論も根強いものがあるようだ。これは由々しいことだと私は思う。

このような状況のなかで、本書は開発調査の実態について論じようとしている。社会的認知を云々するならば、まず実態を広く知ってもらうことが必要である。実態とはいっても一開発コンサルタントの経験の範囲での実態である。その範囲を極力広げるために、開発調査の実施機関であるJICAの協力を求めた。また本書でご紹介する事例についても、一開発コンサルタントの偏った見方ではなく多面的に見ていただくために、関係者にさまざまなご意見や情報を求めた。

開発調査は戦略的援助のために不可欠と私は考えている。それ以上に、開発調査は援助戦略の実践そのものだと思っている。さらに開発調査は、途上国の行政官等と共同で開発戦略・計画を立案することを通じて、途上国の自立的発展に寄与することができる。経済のグローバル化がともすれば勝者と敗者とを峻別しがちであるのに対して、生き残りのための開発戦略を相手国側と共同で立案することができるのが開発調査である。つまり二重の意味で、戦略的援助のために開発調査が重要なのである。

戦略的調査という視点で、私はかつての満鉄調査部について、にわか勉強をした。満鉄調査部は「元祖シンクタンク」と捉えられているが、日本の近代以降で唯一の本当のシンクタンクなのではないだろうか。日本社会には民間のシンクタンクが育ちにくい土壌があると思うが、これは本論から外れる。満鉄調査部が実施した各種調査、特に1927年に設立された臨時経済調査委員会のもとで実施された各種インフラ、資源、産業、民生・家計等に関わる調査は、満州鉄道建設を通じての満州国開発という国家戦略に基づく調査であったという意味で開発調査だったといえるのではないだろうか。

そのような国家戦略の妥当性はさておき、戦略的開発調査というものがかつて立派に存在したのである。当然のことながら、開発調査はその成果が活用されて初めて意味がある。情報が蓄積され後世に伝えられることも大事であるが、当時の状況のなかで直ちに役に立つ情報を収集・構築するために実施された戦略的調査としての開発調査であったといえるだろう。

にわか勉強のなかで私は、戦後かつての満鉄調査部員の多数が教育・調査関係機関に再就職したことを知った。そのなかで、経済安定本部に所属して大来佐武郎氏のもとで東南アジア地域の調査活動に従事した原覚天という人物がいることを知った。彼は満州を中心とする旧植民地研究から開発経済学に転じたとある。私は、ここにかつての満鉄調査部とODAによる開発調査との1つの接点を見る。

大来佐武郎氏は日本のODAの最高峰であり、ODAに関わるシンクタンクとして設立された財団法人国際開発センター（IDCJ）の初代理事長であった。外務大臣を務めたことは広く知られているだろう。初期のODAに関わった開発コンサルタントの先駆者のなかには、やはり大来佐武郎氏のもとで戦後沖縄等での開発計画策定に携わった人がいる。私も最初の本を出版する際に大来氏にお世話になった。

私が満鉄調査部と日本のODAによる開発調査との接点というのは、人脈のことである。調査結果が当時活用されただけでなく後世に伝えられることも大事であるが、より大事なことは人脈がつながり、経験や技術が継承されることである。

大来氏と縁があった開発コンサルタントの先駆者たちは、すでに次々と一線から退いていっている。私が心配しているのは経験・技術の継承である。第8章3節に論じるように「国民参加によるODA」のはき違えによって、日本のODA実施がどんどん素人の世界になってきている。そのなかで、これまで日本のODAを支えてきた優秀なエンジニアやJICAによるマスタープラン調査で戦略的思考を磨いてきた計画屋の経験・技術の継承が危機に瀕している。開発コンサルティング業界最大手の日本工営の子会社であるコーエイ総研の社長を務められ、昨年退職された小泉肇氏が開発政策研究機構というNPO法人を設立された気持ちは、私にはわかりすぎるほどわかる。

以上のような問題意識で執筆した本書は、3部構成となっている。第I部では、開発調査がいかなるもので、どのように実施しているかを包括的に示す。開発調査の実態について実績データと私の体験に基づいて論じるとともに、最近の傾向と方向性も示している。

第II部では、開発調査の目的と効果について事例に基づいて論じる。開発調査の効果については、JICAによる評価結果と私の体験を合わせて論じ、開発調査は何のために実施するのかという問いに答える。事例はいずれも私が総括責任者として携わったものであるが、関係者との関わりがなるべく見えるように、また多面的な見方ができるように、多くの関係者に登場していただく。

第Ⅲ部では、JICAとJBICとの統合も見据えて、これからの開発調査がどこに向かうべきかを論じる。それまでの各章での提案を踏まえて、開発調査の改善と、そのために必要な人材育成について提案する。行き着くところはODA人材の育成である。これは20年来論じられてきたことであるが、なぜ実現しておらず、また今危機に瀕しているのか、これこそ私が本書を通じて一番訴えたいことである。

このささやかな本が、日本のODA改革に少しでも役に立つこと、また本書を読まれた若者が技術と専門性を磨き熱意をもってODA実施に参入してくれること、を心より願っている。

2008年8月

橋本強司

目　次

第2章　開発調査はどのように実施しているのか――28

第Ⅱ部　開発調査は効果を挙げているのか

第Ⅲ部　開発調査はどこに向かうのか

第Ⅰ部　開発調査とは何か、どのように実施しているのか

第1章　開発調査とは何か

1.　開発調査と開発コンサルタント

開発調査の重要性と開発コンサルタント

日本の政府開発援助（ＯＤＡ）のなかで、円借款は批判的な見方も含めて比較的知られている。青年協力隊は広く募集が行われており、その広報を目にした人は少なくないだろう。これらと比べると、開発調査は一般の人に恐らくあまり知られていない援助形態であろう。開発調査の実施では開発コンサルタントが中心的役割を果たしているが、この開発コンサルタントもわかりにくい職業である。

本書では開発調査が日本のＯＤＡに占める位置や役割をさまざまに論じるが、最初に結論めいたことを述べるならば、開発調査は戦略的援助の要であり、今後ますます重要性を

増さなければならないといえる。逆に言うと、日本のODAにおける開発調査の重要性は、現在ではあまり認識されていない。このことと開発コンサルタントに対する社会的認識が乏しいこととは当然関係している。ODA実施を支えている開発コンサルタントにとって、開発調査は最も実力が試される援助形態だと私は思っている。したがって開発調査について説明することは、開発コンサルタントについて説明することにかなり重なる。

ふつうの人による開発協力

まず私が若い人によくする説明を2つご紹介しよう。1つ目。あなたがごくふつうの人だとしよう。そのあなたが開発途上国の人たちの役に立つことをしたいと思ったとき、どうしたら良いだろうか。日本でできることもあるだろうが、効果的で手ごたえのある支援のためには途上国に出かける必要があるだろう。途上国で多くの人たちと話をして、何が役に立つか検討しようとするだろう。役に立つことのうち自分にできることは何か、自分の使える資源―時間、金、協力者等に照らして何をするのが一番良いか判断しようとするだろう。

自分が自ら手を下してできることは直ちにするだろうが、手にあまることについては他の人や機関に働きかけて協力してもらうよう図るだろう。このときあなたは途上国の人たちの代弁者になっているわけである。このようなあなたの行動こそ、開発コンサルタントの開発問題への関わりの基本形といえる。

ふつうの人は、そう簡単に途上国に出かけていって長く滞在し多くの人たちと話して何が役に立つか検討することは難しいかもしれない。協力したい意志と熱意は強くても、何らかの専門性をもっていなければ効果的な協力はできないかもしれない。そこで開発コンサルタントが存在する必然性が見えてくるだろう。ふつうの人の開発協力への意志と熱意をもち、専門性と技術とをもって協力の効果を挙げるために職業としての開発コンサルティングがあると私は思っている。

開発コンサルタントの位置づけ

2つ目の話。右で述べたような開発協力は、何も開発コンサルタントの専管領域ではない。個人でもNGOでも効果的な協力をすることができる場合もあるだろう。それでは、NGOと開発コンサルタントとの違いは何なのだろうか。私は一方にNGO、他方に政治家やオピニオンリーダーを置いて説明する。

ＮＧＯの仕事というのは、いわば一人一助の世界である。困っている人に対して直接手を差し伸べ助けを提供する。それに対する見返りもまた直接的である。「僕がこうしてあげたら、おばあちゃんは涙を流してぼくの手をとって喜んでくれたよ」といった世界である。見返りが直接的ですぐに期待できるだけ、やりがいを覚えやすい世界といえる。

他方、政治家やオピニオンリーダーの世界では、直接的には誰も助けられないように見える。すばらしい考えを伝えても、それだけでは飢えている人は救えない。オピニオンリーダーの側から見ても、すばらしい話に対する反応や手ごたえははっきりしないかもしれない。どちらにとってもすばらしい考えや話は、目の前の問題解決にはなんら役に立たない。しかしもしかすると、そのすばらしい考えが少しずつ多くの人に受け入れられ影響を与えて、あるとき社会の大きな変革につながり多くの人を救うことになるかもしれない。

これらＮＧＯと政治家・オピニオンリーダーの両極端に対して、開発コンサルタントは中間に位置するということができる。なんでも中間というのは定義しにくく理解されにくいものである。開発コンサルタントが理解されにくいのは、その中途半端な位置にあるともいえるかもしれない。

開発コンサルタントは、ＮＧＯのように直接手を下して１人の人間を助け、その人から直接感謝を受けるわけではない。政治家やオピニオンリーダーのように直接的にはまったく役に立たないが、時間をかけて間接的に多くの人たちに影響を与え大きな変革を導くわけでもない。一人一助ではなく、いわば百人、千人に間接的影響を与えその気にさせて、全体としてより大きな影響・効果を与えようというのが開発コンサルタントの世界といえる。そして間接的影響を与える方法や過程として、開発調査があると捉えることができる。

開発コンサルタントと開発調査の役割

以上の話のなかに、開発調査や開発コンサルタントの性格を表す表現が多く含まれている。開発コンサルタントは「他の人や機関に働きかけて協力してもらうよう図る」「途上国の人たちの代弁者」であり、「途上国で多くの人たちと話をして、何が役に立つか検討する」ことや、「自分のもつ、あるいは使える資源に照らして何をするのが一番良いか判断する」のは開発調査の内容である。「途上国に出かけていって長く滞在し多くの人たちと話をして……専門性をもって協力の効果を挙げる」ことに開発コンサルタントの役割があり、その過程はしばしば開発調査の形をとる。

さまざまな開発問題に対して、途上国側の問題解決能力を高めることこそ開発協力の目的であることが次第に認識されるようになってきた。開発調査には、現在および将来の問題を明らかにして解決策を形成するという目的とともに、その過程を途上国の人たちとの共同作業を通じて行うことによって、途上国側の問題解決能力を高めるという目的があるのである。すなわち次の問題、別の問題が生じたときは、極力自分たちだけで解決策が形成できるように図るわけである。よく使われる表現は「魚を取ってあげるよりも魚の取り方を教えてあげる」というものである。自助努力を支援するともいう。言うは易く行うは難いことではあるが、これが開発援助の基本的考えなのである。

開発調査は国や地域が直面する開発問題を明らかにし、その解決策を形成・提案するものである。さまざまな開発問題に対して解決策を形成することは、広い意味で開発計画である。計画とはさまざまな資源の配分を決めることである。もう少し正確に表現するなら、計画とは目的に照らしてその達成のために最適の資源配分を決めることである。目的達成にはいろいろの制約条件があり、資源にもさまざまのものがある。目的も通常は1つではない。難しく言うと、計画は制約条件下での多様な資源配分の多目的最適化ということになる。

開発コンサルタント・チームによる開発調査

したがって開発調査を実施するためには、複数の目的および多様な資源につき的確な分析や判断をすることができる専門性が必要となる。通常の開発調査では、少なくても6～7名、多い場合は十数名、ときにはそれ以上の専門家からなる調査団が形成される。このような調査団が数カ月から2年程度の期間に何回かに分けて途上国に派遣されて滞在し、相手方行政官と共同作業をすることによって開発計画が作成されるのである。

このような共同作業は、専門性のある職業人としての開発コンサルタント・チームによってのみ実施しうるものである。短期間しか途上国に滞在できない日本の行政官や研究者、長期派遣でも専門性の限定されたＪＩＣＡ個別専門家、専門性の乏しい一部ＮＧＯ等ではできないことである。ただし研究者やＮＧＯスタッフが開発コンサルタント・チームの一員として参加することは可能であり、また案件によっては望ましいことである。しかし、多数の専門性をもった要員の作業を効率的に計画・管理して、より良い成果を挙げることは開発コンサルタントの仕事である。

開発コンサルタントの作業量を表すのに、人・月（man-month）という単位を用いる。1人の専門家が1カ月稼動すると、1人・月である。10名の団員からなる調査団が10カ月現地に滞在すると100人・月にもなるが、通常はそのような稼動はしない。調査の段階に応じて、各団員が調査の目的や内容および専門性に照らして最も適切な時期に現地で作業を実施する。関連の専門性をもった複数の団員が協力できるように、それぞれの作業期間を調整して設定する。限られた予算で効率的な作業をして良い結果を出すために、最適の作業計画および要員計画を作成する。通常10名あまりの団員によって1年半から2年程度で実施する大型の開発調査では、50〜80程度の総人・月となる。

開発コンサルタントの適性とコンサルティング企業

右で述べたたとえ話に沿って、若い人に対する1つの指針を示しておきたい。本書を手にされた方々のなかで、開発コンサルタントを志向される若者の比率はどの程度だろうか。途上国の人たちの役に立ちたいと考えたとき、開発コンサルタントを志向する人ばかりではないだろう。NGO活動に関わる人もいるだろう。あるいは一部の人は政治家となって、大所・高所から開発問題に取り組もうとするかもしれない。他の職業も程度こそ違っても同様かもしれないが、開発コンサルタントには確かに適性がある。これはかなり資質に関わっている。したがって、政治家・オピニオンリーダーとNGOとの間のどの辺りに自分の適性があるかは、意識しておいた方がよいだろう。

私はささやかなコンサルティング企業をやっているが、企業というからにはこの適性軸をなるべく幅広く守備範囲としていることが望ましいと考えている。たとえば、担当している案件で世界銀行から援助理念に則ったクレームがついても、堂々と討論し論駁してくる要員がいてほしい。また、儲からないけれども確実に地元住民に喜んでもらえる仕事をするNGO的な要員がいても良い。ついでながら私自身は、この適性軸の全域を1人でカバーすることを理想と考えてきた。開発コンサルタントとして守備範囲が広いことはもちろん望ましいことである。

2. 日本のODAにおける開発調査

日本のODAの系譜

日本の政府開発援助（ODA）は1950年代の戦後賠償に始まり、半世紀を越える歴史がある。その開始当初において日本はまだ戦後復興のさなかにあり、ODAによる支援を受ける立場にあった。そう、日本はある意味で開発途上国であったのだ。1964年に開催された東京オリンピックに間に合うように東海道新幹線が建設されたが、それには世界銀行による資金協力という形のＯＤＡが供与されたことは良く知られている。

その後日本のＯＤＡは、日本が国際社会の一員と認められていく過程と呼応するように急速に拡大し、１９９０年代には9年連続世界一を達成するに至ったのである。その頃までに、日本は経済大国といわれるまでに成長していた。経済大国とは多少揶揄的な響きをもつ表現であるが、世界に影響力をもつと認められるに至ったことは間違いない。

バブルの崩壊に引き続く長期的な経済低迷によって日本のＯＤＡも頭打ちとなり、その後毎年ＯＤＡ予算は減額されるようになった。日本の国際貢献のためのＯＤＡが論じられるが、まず日本が国際社会の一員として認められていく過程でＯＤＡが果たした役割を確認しておく必要がある。また、世界に影響を与える経済大国としてＯＤＡ世界一を達成し維持したという歴史的事実を、私は大変重いものとして捉えている。

国際貢献のためのＯＤＡ

日本の国際貢献というと、いまや自衛隊によるインド洋での給油活動や紛争国での平和構築・維持活動が中心的に論じられる。その背景には、国際社会の立派な一員として応分の国際貢献をするためには人的貢献をしなくてはならないとの認識がある。そのきっかけとなった出来事をもう一度思い出すことにしよう。

サダム・フセインが処刑されてすでに2度年が改まり、湾岸戦争の記憶も忘却のかなたとなりそうであるが、あの戦争が日本に与えた教訓だけは忘れるわけにはいかない。それは、国際貢献のためには金を出すだけではダメということである。あの時日本は、戦争を主導するアメリカ等の言うままに支援額を増加させ、結果的に約130億ドルの負担をした。この額がいかにとてつもないかは、当時世界一を達成していた日本のODA供与額が約130カ国を対象としていながら、この額に及ばなかったことで明らかである。そして"too little, too late"といわれながら増額したが、それに対する評価は芳しいものではなかった。戦争が終わり、支援に対する謝意を表す文書がクウェート政府によって出され、数十カ国の協力国がリストされたなかに日本の名前は無かったわけである。

今後の国際貢献への示唆

2つのことを確認しておきたい。1つは、国際貢献のためには金を出すだけでなく人的貢献をする必要があるというのは当然のことであるが、自衛隊を派遣することばかりが人的貢献ではないという当たり前のことである。ODA予算によって、開発コンサルタントをはじめとして多くの日本人が人的貢献をしてきているという事実があまりにも省みられていない。いかに国際貢献を高めるかを論じるならば、ODA実施のために開発コンサルタント等をいかに活用するかをもっと論じるべきである。

もう1つは、装備や後方支援を含めて自衛隊派遣による人的貢献が多額の費用を要するのに比べて、ODAによる人的貢献がいかに少ない予算で済むかということである。これはいずれを採るかということではなく、限られた予算で効果的な国際貢献をするために両者をいかに組み合わせるかということであるが、少ない予算でより効果的な人的貢献をするために、ODA、特に開発調査を含む技術協力をもっと活用すべきである。

日本のODAの構成

日本のODAは、大きく分けると2国間の有償協力と無償協力、および多国間援助機関への出資・拠出等からなる。有償協力は国際協力銀行（JBIC）、無償協力は国際協力機構（JICA）が実施機関となっていたが、2008年10月をもって両者が統合されることとなった。2国間無償協力は、無償資金協力と技術協力からなる。

手元にある2005年の資料によると、日本のODA予算総額は1兆4、574億円であり、このうち技術協力は3、027億円を占める。JICAは日本のODAによる技術協力実施機関といわれてきたが、JICAの技術協力予算は1、458億円であり、日本のODAによる技術協力の約半分にすぎない。他は関連省庁によって直接実施される技術協力ということになる。どちらがより効率的かの議論はさておき、開発コンサルタントが途上国の業務で活用されるのは、主としてJICAによる技術協力においてである。

先に、湾岸戦争における日本の拠出金に比べてODA予算がいかに小さいかを示したが、人的貢献の中心であるJICAによる技術協力予算はそのほんの一部(2005年には10%)を占めるのみである。

自衛隊と開発コンサルタント

私は自衛隊による人的貢献を高く評価するものである。湾岸戦争後、ペルシャ湾の地雷除去のために派遣された掃海艇は国際的にも高い評価を得た。ちなみにそれに要した経費は25億円、あまり評価されなかった湾岸戦争支援費よりはるかに小さい。自衛隊の規律と技術力、そして何よりも誠実さは、相手国や国際社会にアピールするに違いない。

しかしアピール度ということならば、世界中の途上国で日夜開発協力に携わっている開発コンサルタントの比ではないだろう。これもまたどちらがより良い人的貢献かという議論ではない。どちらも大切である。ただ厳然たる事実は、ODA予算での開発コンサルタントによる技術協力のほうがはるかに小さな予算で実施できるということである。限られた予算で人的貢献の実を挙げるためにいかに開発コンサルタント等を活用すべきか、これはもっと議論されてしかるべきである。

イラクの復興のためにサマワ県に派遣された自衛隊は、厳しい環境のなかで上水供給の改善をはじめとして民生向上のために実質的な貢献をして、地元民に評価されたと理解している。私が当時考えた仮説は、人的支援の効果をより挙げるために、自衛隊派遣とともに現地の大使館に数名の開発コンサルタントをもぐりこませていたら良かったのではないかというものである。復興・開発ニーズの的確な把握やコミュニティ開発型の支援実施等に大いに役に立ったことだろう。

これを現地の治安事情を知らないものによる机上の空論という人もいるかもしれない。しかし、実は開発コンサルタントは相当に治安の悪い国・地域で仕事をしてきているのである。自衛隊との主な違いは、自らの生活環境を整え自らの身を守ることに対する国の支援がときとして得られないことである。

十数年前、ペルーで日本人専門家殺害事件が起きたことをきっかけに、私は以下のように論じている（橋本、1995年）。

「このような事件が起こったとき、日本政府として相手国政府に対して遺憾の意を表明する以外にやることはないのだろうか。少なくとも犯人逮捕のために特別な努力を求めることはできるだろうが、それだけでは相手国が自らの資源を用いて努力するだけのことである。それに対してコスト負担を申し入れたとしたならば、これは国際法上あるいは外交慣習上問題があるだろうか。いやこれは湾岸戦争と同じ構図だ。（中略）このとき、金を出すだけでなく人的貢献もするために特殊部隊を派遣してはいけないのだろうか。（中略）そのような状況でも、相手国の経済を助け国民と政府を支援するために専門家を送るべきだ、ということがあるのではないだろうか。この場合、技術協力の専門家と共に特殊部隊をセットで送り、実験農場なり技術協力センターなりを自衛しつつ協力の実を挙げるのが、私には唯一の正解と思える。」

残念ながら、日本の開発コンサルタントはイラクにはまだ入ることができない。ヨルダンのアンマンを基地として間接的な技術協力をするにとどまっている。私がトルコのプロジェクトで副総括に指名したアメリカ在住のトルコ人タメール・クラッチ氏は、アメリカ国際援助庁（ＵＳＡＩＤ）の仕事でイラクでの開発コンサルティングに携わっている。ときどきメールをくれるが、アメリカ軍に同行してイラク中を飛び回って調査活動をしているようである。彼からの情報で、ＵＳＡＩＤと協力してＪＩＣＡがいよいよイラクに乗り込もうとしているとの話もあったが実現には至っていない。

技術協力の内容

ＪＩＣＡによる技術協力は、開発途上国が経済・社会面において自立的・持続的に発展できるように、制度構築、組織強化、人材育成を目標に実施するものとされている。その方法として、個別専門家の派遣、調査団の派遣、研修員の受け入れ、青年海外協力隊およびシニア海外ボランティアの派遣等がある。開発調査は、調査団の派遣によって実施される技術協力の一形態ということになる。

技術協力のもう１つの形態として、技術協力プロジェクト（かつてはプロジェクト方式技術協力と呼ばれた）がある。これも最近では、開発コンサルタント・チームの派遣による実施（いわゆる民活技プロ）が増えてきた。開発調査より長期にわたって専門家を派遣し、相手国側との共同によって目標達成に照らして資機材供与、研修等も組み合わせて実施効果を挙げるものである。目標達成を基準として融通性をもって、投入する人材・資機材等を調整するところに特徴があるといえる。

技術協力と一口に言っても、その内容は多岐にわたっている。また、その対象は多様化してきている。道路・橋梁、発電所、灌漑設備等の経済基盤や社会基盤（いわゆるインフラストラクチュア）の整備に加えて、最近ではＨＩＶエイズなどの感染症対策に対する支援、市場経済化に伴う法制の整備に対する支援、アフガニスタンや東チモール等の復興・平和構築支援等の比重が増しているといえる。これらの新しい領域も広い意味での開発支援であり、開発調査のスキームによって実施される部分が大きい。

開発調査の種類

右に述べたとおり、開発調査は途上国の国・地域レベルにおいて、経済・社会面での開発計画作りを行うための協力といえる。国レベルでは、国家開発計画作りや、市場経済化に伴う法制の整備支援等の特定課題に対処する開発調査がある。また、特定の地域を取り上げて中・長期的な開発の指針を示す地域総合開発計画や、交通や水資源等の特定分野を取り上げてマスタープランを作成する開発調査がある。さらに特定のプロジェクトにつき、その実施妥当性を技術面だけでなく経済・社会・環境等の面から検討し、実施への基礎資料をまとめるフィージビリティ調査（F／S）がある。

事例は少ないが、途上国の産業振興、輸出振興、民営化等の政策に沿って、その実施を具体化し実施効果を高めるための政策支援型開発調査もある。最近増えている紛争や自然災害からの復興支援もまず開発調査のスキームによって実施されることが多い。単に壊れたものを復旧するだけでなく、その後の自立的な復興・発展を支える実施体制等に配慮して支援事業を形成・実施するために、復興・開発計画を作成しつつ復興支援をすることが必要だからである。

ＪＩＣＡ設立の１９７４年以来実施された調査案件は合わせて２，１２９件で、大きく分けるとマスタープラン（Ｍ／Ｐ）調査等が９１０件、フィージビリティ調査（Ｆ／Ｓ）等が１，２１９件となっている。マスタープラン調査等には、マスタープラン調査（６１８件）のほか長期調査、地形図作成調査、地下水開発調査、資源調査等が含まれ、さらに特殊なものとして中国工業近代化調査がある。フィージビリティ調査等には、フィージビリティ調査（７９３件）、マスタープランとフィージビリティ調査とを合わせた調査（３７８件）のほか実施設計調査（Ｄ／Ｄ）が含まれる。近年はフィージビリティ調査は減少している。

調査対象分野では、特殊な中国工業近代化調査（117件）を除いた2、012件のうち、運輸交通が460件（22・9％）、農業311件（15・5％）、社会基盤265件（13・2％）、エネルギー256件（12・7％）、ここまで合わせて64・2％を占める。その他の分野は、計画・行政（112件）、公益事業（127件）、畜産・林業・水産（89件）、人的資源・保健医療・社会福祉（37件）等である。

開発調査の展開

開発調査の実施件数、対象と内容は、1974年のJICA設立以来、年々変化してきている。初期のJICA年報を見ると、ODA実施の尖兵としての自覚と気概を私は感じる。なかでも開発調査事業の改善の方向および実施体制の改善として、（1）開発調査事業の予算の拡充、（2）〝計画型協力〟の拡充、（3）コンサルタントの活用および審査機能の充実、（4）国内外の援助機関との有機的連携の強化、（5）政策プロセスの明確化、が論じられている。これらがすべて現在でも通用する課題であることは驚くべきことである。

「計画型協力の拡充」では、（ア）カントリープログラムの検討、（イ）地域に関する情

図表1　年度別開発調査経費実績（2000−05）

（単位：千円）

年　度	年度内終了案件数	調査経費	調査経費の平均
2000	79	26,343,292	333,459
2001	81	29,935,573	369,575
2002	81	25,418,393	313,807
2003	56	17,842,388	318,807
2004	40	14,636,174	365,904
2005	58	19,230,981	331,569
合　計	395	133,406,801	337,739

出所：国際協力機構「開発調査実施済み案件現状調査（フォローアップ調査）現状把握調査報告書」2007年３月。

報の収集分析、（ウ）派遣専門家からの情報収集および同一地域に派遣中の個別専門家間の連携強化、（エ）海外事務所における調査機能の拡充・強化、（オ）開発エコノミスト、研究者との連携、（カ）国際機関からの情報の収集、分析、（キ）アフターケア調査からのフィードバックが課題として挙げられている。これらは、現在でもおおむね妥当な問題意識である。

ＪＩＣＡ設立後５年で、開発調査の件数はすでに年間50件を超え、その後も変動はあるがおおむね漸増を続けて、１９９９年に97件でピークに達した。その後ＯＤＡ予算減少のあおりをもろに受けて減少が始まり、終了年度別の案件数で２００３年には56件、２００４年に40件、２００５年に58件となっている。近年の案件数と調査経費をまとめると、図表1となる。案件数と調査経費のほぼ一貫した減少がみられる。なお、2005年の調査経費総額は1、923億円で、終了年度別の集計のため先に見た予算額と一致していない。

1件あたりの調査経費にははっきりした減少傾向はみられないが、内容の変化に注意する必要がある。近年では、内戦や紛争が終了した国々に対する国際公約による復興・平和構築支援が増え、また自然災害も頻発し復興支援のニーズが増えている。イラク、アフガニスタン、東チモール等に対する復興・平和構築支援、およびインド洋津波、パキスタン震災等による復興支援である。単に壊れたものを復旧するだけでなく、その後の継続的復興のための組織強化や制度整備等も含めて復興・開発計画を立てるために開発調査のスキームで支援をする部分がある。

この場合、緊急対策については開発調査の枠内で実施されるため、調査経費のかなりの部分が建設・調達に関わる経費となり、コンサルティング部分は圧縮されざるを得ない。その圧縮されたコンサルティング部分で、緊急対策の実施管理もすることになる。これは主として資金管理であり、本来のコンサルティング業務ではない。結果として、コンサルティング業務に活かされる調査経費はさらに圧縮されることとなる。

また最近、開発調査に実証調査やパイロット事業の実施を組み込む事例が増えている。その功罪は別途論じるが、調査経費に占めるコンサルティング業務部分が圧縮される構造は、復興支援と同様である。コンサルティング業務によって注意深く形成されたパイロット事業ならば費用対効果が高いだろうが、一部にみられるパイロット事業ありきのアプローチだと、単にコンサルティング業務が窮屈になり妨げられるだけになってしまう。

開発調査予算が減少する一方で、技術協力プロジェクトの民活による実施が増えている。これは開発コンサルタントのマーケット確保という観点からは望ましいことではあるが、技術協力の効果という観点からは検討すべき課題が少なくない。技術協力プロジェクトは、長期派遣専門家と同様に日常業務的になる可能性がある。その内容を的確に定義し適切な評価をしない限り、開発調査と比べて作業密度が低くなりがちである。これは技術協力効果が低くなるということである。開発調査を通じてその内容と評価指標を定義して、技術協力プロジェクトを形成するのは1つの方向性である。

フォローアップ調査

開発調査終了案件の現状把握のために、1984年度からフォローアップ調査が開始された。その内容とやり方は年々改善され、対象も拡大してきている。現地派遣によるフォローアップ、国内でのアンケート調査、JICA在外事務所や青年協力隊調整員事務所を通じた相手国関係機関への調査、先進国や対象途上国のコンサルタントを活用する調査等が行われている。

1998年度からは、現地調査によって開発調査のインパクトを評価する調査も開始された。2001年度からは、さらにより詳細な評価調査が実施されるようになった。その内容等については、第3章2節で論じる。

3. 開発コンサルタントの立場

業務委託という形式

JICAによる開発調査は、民間に対する業務委託の形で実施される。かつては官民共同チームによって開発調査が実施されたこともあるが、現在は技術協力の実施機関であるJICAが「その業務の一部を民間に委託する」ことによって実施している。実際には開発調査は、開発コンサルタントのチームによって現地調査を中心として実施され、JICAの役割は管理および業務調整が中心である。

国民参加によるODA実施が謳われるようになったが、こと開発調査に関しては、とっくの昔から開発コンサルタントという国民が中心的に参加して実施しているのである。しかし業務委託という実施方式が導入された結果、発注者（契約書の「甲」）と受注者（「乙」）という上下関係によってODAが官主導の趣となったことは否めない。開発コンサルタントは、国内の公共事業に携わる建設会社等のように、業者としばしば呼ばれる。JICAと開発コンサルタントとの契約等に関わる公式文書は、おそらく建設省（当時）による国内業務に関わる文書をもとに作られたもののようであり、官民パートナーシップにはおよそ似つかわしくないシロモノであることは象徴的である（橋本、2006年）。

競争入札によるコンサルタント選定

業務委託にあたっては、競争入札による受託者の選定が行われる。まずJICAは、業務委託によって実施すべき案件の公示を行う。最近では、JICAのウェブサイトが公示情報を入手する主な場となっている。その限りにおいて、情報へのアクセスに偏りは生じないと見てよいだろう。

公示に対して、応札を意図する開発コンサルタント等は関心表明を提出する。それに基づいて、JICAは入札参加者のリストを作成し入札図書を交付する。通常は、公示から2週間程度で入札図書の交付が行われる。一時、JICAは入札参加者の資格条件を評価してから入札参加者のショートリストを作成しており、関心表明をしても必ずしも入札に参加できなかった。評価のための日数も必要で、公示から入札図書交付まで日数がかかり、また期間不定であった。今は、関心表明を出せば原則として誰でも入札に参加でき、よりオープンな仕組みになったといえる。

このようなショートリストを作成してから行う入札は、公共工事に関わる一般の入札とは異なる。一般の競争入札の場合は、工事の種類や規模による分類はあるが、分類の範囲内では誰もが参加できる公開入札である。また、原則として最低価格で入札したものが受託者となる。

随意契約に対する誤解

開発調査に従事する開発コンサルタント等を選ぶ場合は、価格による評価を基準とはしない。応札者は、業務内容をいかにこなすかについて技術プロポーザルを作成し、その内容の優劣によって評価を行うのである。もう少し具体的にいうと、応札者の経験、技術提案の内容、それを実施するために指名する専門家、特に総括責任者の資格条件等を加味して評価が行われる。技術協力の質は、それに携わる専門家の技術・経験・人柄等によるので、このような評価をする必要があるわけである。技術プロポーザルによる評価結果が複数の応札者の間で僅差となったときにのみ、価格プロポーザルが参照されることになっている。

一般の競争入札に対して、応札者をショートリストしてから入札して受託者を決める方法は随意契約（随契）と呼ばれる。この呼称には、ショートリストを作成する過程に発注者の恣意的選択が入り込む恐れがあるとの懸念が込められているように思える。実際、独立行政法人が発注する公的な業務において、随契の比率が極めて高いことに対する批判が報道された（読売新聞、2007年4月8日朝刊）。

それによると、厚生労働省や経済産業省などが所管する59の独立行政法人が2005年度に発注した業務委託や物品購入など総額8、500億円に上る契約で、6割以上の約5、234億円分が随意契約だったことがわかったとある。このなかでJICAの契約額699億円のうち668億円が随意契約だったことを、所管官庁のOB天下り先との随意契約が多い主な独立行政法人の表で示している。

ショートリストを作成した上で入札し受託者を決めるやり方が随契ということならば、随契は開発調査を実施する開発コンサルタント等を選定するための正しい方法である。開発コンサルタントは、価格競争だけで選ぶことはできない。技術力や経験、それによる革新的な提案等が開発調査を担当する資格を決めるべきだからである。

諸元のはっきりした公共工事や定型の業務の場合は、価格による評価で受託者を決めたほうが良いだろう。そのような仕事を発注・管理する独立行政法人が随契を多用することは批判されるべきである。しかし開発調査に代表されるように、開発コンサルタントの仕事にはそもそも定型がないのである。途上国によって、また地域ごとに特定の開発問題があり、知恵を絞った手作りの対応が求められるゆえに開発調査が実施されるのである。したがって、開発コンサルタントの選定は随契によらなくてはいけないのである。これを理解せずに他の独立行政法人の随契と同列で論じるのは、まったくの見当はずれである。

第2章　開発調査はどのように実施しているのか

1.　開発調査と開発コンサルタントの位置付けの変化

要請主義によるODAと案件形成

日本はODAに関して、つい最近までかなり純粋の要請主義を採ってきた。開発途上国から開発協力についての要請が政府レベルであり、それに反応する形で要請案件を審査し採択の可否を決めていたわけである。相手方が望まないものを押し付けで「援助」しないという見識といえる。現在でもこの考え方は根底で変わってはいないが、最近では相手方が望むと考えられることを提案し、相手方との協議を通じて援助の対象と内容を決める試みも広がっている。

純粋の要請主義を採っていた時期でも、ODA案件の形成には、実は日本側が広く関わっていた。開発コンサルタントだけでなく、商社、メーカー、建設会社等々が独自にあるいはそれぞれの協会や団体を介してプロジェクト発掘・形成調査を実施して形成した案件に対して、相手国政府から協力要請が出されるように支援をしていたわけである。

案件が相手国の開発ニーズにかなうかどうかを判断するのが相手国政府である限り、日本の案件推進者は相手国側を説得して要請が出されるよう図らなければならない。説得のために賄賂等の不正な方法を用いるのでなければ、この仕組みはODA案件形成の良い方法となりうる。開発コンサルタントは、しばしば相手国側の立場に立って案件の優良性を判断する役割を担っていた。商社、メーカー、建設会社等も自分の推進したい案件につき相手国政府を説得するため、開発コンサルタントの協力を求めることが多かった。

開発コンサルタントによる案件形成

コンサルティング企業といえども民間企業であり、民間企業がODAの対象となる案件を形成・推進することに疑問をもつ人がいるだろう。しかし、たとえ自分の企業に利益になるような案件を形成・推進しようとしても、関係者を動かしてその気にさせなければその案件は実現しない。このための方法としては、いかに良い案件かを関係者に説明して説得することが基本となるが、これはすでにコンサルティング業務なのである。

開発コンサルティング企業には、形成した案件の実施によって援助資金を用いて納入することができる製品も、他社から調達することによって利益を得る機会もない。売り物は人だけである。良い案件を形成して、そのことを評価されること、案件の形成・実施において良いコンサルティング・サービスを提供し、そのことを評価され次の機会にまたコンサルティングを担当できる可能性を高めること、これが民間企業としての業務拡大、利益確保の基本形である（橋本、1992年）。

開発コンサルタントによるODA案件の形成・推進は、商社やメーカーによる同様の行為とは根本的に異なるのである。そしてODA案件になるかどうかにかかわらず、相手国側の立場に立って開発ニーズを的確に把握し優良な開発プロジェクトを形成すること、これこそ開発コンサルタントの最も重要な役割の1つである。

初期のODAにおける開発コンサルタントの主導的役割

日本のODAは先に述べたとおり1950年代の戦後賠償に始まるが、当時のODA案件形成において、建設コンサルタント（当時はこう呼んでいた）は大きな役割を果たしていた。業界最大手の日本工営の場合、戦後直ちに開発途上国での技術協力に活路を見出すべく自主的な調査活動を開始した。独自の調査に基づいて各国政府に開発プロジェクトの提案をして、相手国政府の資金による商業ベースでの業務実施を求めたのである。

戦後賠償の最初の対象としてインドネシアの新ネヤマトンネル・プロジェクトが選ばれたとき、その対象地域であるブランタス川流域の開発マスタープランが日本工営によって作成されていたことが選定の理由になった。すなわち、流域全体の観点から水資源の最適利用を図るための優良プロジェクトが形成されていることが認められたわけである。初期の賠償案件であるベトナムのダニムダム、ビルマ（現ミャンマー）のバルーチャンダムの両プロジェクトも日本工営の独自の調査に基づいて当初商業ベースで開始されたもので、その後賠償の仕組みを活用して実施が継続されたのである。一部の皮相的なODA批判が論じるように、賠償狙いで案件を形成したわけではない（鷲見、1989年）。

日本の建設コンサルタントはODAの初期の段階ですでに、かなり広範に開発途上世界に展開していた。またJICAの初期の年報をみると、日本の「技術輸出」につながるようなインフラ案件や地域開発案件に関わるかなり大掛かりな開発調査が多数実施されている。戦後復興の過程で貿易立国しか日本の生きる道はないと理解されるようになってきたなかで、技術力で先進国に伍して海外進出を果たしていた建設コンサルタントは、技術輸出の尖兵として期待されていただけでなく、初期のODA実施を支えていたのである。

ＯＤＡ拡大と開発コンサルタント

その後ＯＤＡ予算が急速に拡大し、ＯＤＡ案件の形成が右に述べたように民間企業によって盛んに行われるようになり、その推進と実施の過程で一部不適切な行為もあった。拡大したＯＤＡ予算をこなすため、また不適切な行為を防ぐ目的もあってＯＤＡ実施の仕組みが整えられたが、これは開発コンサルタントの主体性が失われていく過程でもあった。実際、ＯＤＡが官の専管領域となったかのように見えた時期がある。

開発コンサルタント等が独自の企業努力をしなくても、確立した仕組みのなかでＯＤＡ案件は次々と要請されてくる。各省庁から派遣される個別の専門家がＯＤＡ案件の形成・推進に大きな役割を果たしていた。それらの案件のなかには、派遣先の途上国のためというよりは派遣元の省益のためと思える案件もあったようである。拡大するＯＤＡ予算をこなすために、開発コンサルタントはＯＤＡ案件形成よりも実施にもっぱら力を注ぐ結果となった。

この時期において、ＯＤＡ案件の効果に対する意識が関係者の間でややもすると薄れがちであり、開発調査にも日本側の省庁のため、また開発コンサルタントのために実施している趣の案件も一部であったと思う。そのような調査を受けて実施された案件が必ずしも相手国住民の利益に適うものとならず、また環境面、社会面で問題を生じることもあった。

そして、何のための、誰のためのODAかということが厳しく問われるようになった。

ODA改革と開発コンサルタントの立場

財団法人国際開発センターの河合三良会長を座長として「21世紀に向けてのODA改革懇談会」が、1997年4月から1998年10月まで開催された。さらに2001年5月から2002年3月まで、拓殖大学国際開発学部長の渡辺利夫教授を座長として第2次ODA改革懇談会が開催された。その最終報告には「国民参加」をキーワードとし、3本の柱として（1）国民の心、知力と活力を総結集したODA、（2）戦略を持った重点的・効果的なODA、（3）ODA実施体制の抜本的整備が謳われている。

これらの提言がその後のODA改革の流れを作ったのは確かであるが、最終報告から6年余りを経てODAに対する国民の支援が広がったかと問うならば、答は否だろう。ODAに対する国民の支援を広げる一番良い方法は、ODA実施の前線に立って日々開発協力に携わっている開発コンサルタントの仕事を知ってもらうことだと私は思っている。上記報告書にNGOとの連携は謳われているが、開発コンサルタントをいかに活用するかについては触れられていない。開発教育の充実が謳われ、屋上屋を重ねるような人材情報センターの創設が提案されているが、プロとしての開発コンサルタントの技術の継承や人材育成のためのインセンティヴは見過ごされている。結局のところ、懇談会に参加した先生方やNGOの限界が提言の限界となっている。

「開発コンサルタントは国民ではないのか」

このような状況に対して、私は挑発的な表題で問題提起をした。国民参加によるODAは結構である。ODAのクライアントは国民であることにも異存はない。しかしどこかおかしい、何か話がおかしい、と思ったわけである（「国際開発ジャーナル」2002年11月号）。

「開発コンサルタントはODA実施における国民（ふつうの人）の代表ではないのだろうか、国民参加のODAというならば、開発コンサルタントをいかに活用するかが議論の中心になくてはいけないのではないだろうか。」

これまでのODA改革に関わる公式の会合に開発コンサルタントの代表が参加したことはないとして、以下のように述べた。

「相も変わらず大学の先生が大半を占め、それにメディア代表が加わり、最近では「寛大にも」NGO代表が加えられている。ODA実施の現場を知らない「国民」の参加による総合戦略会議は「群盲象をなでる」趣になりかねない。

なぜこうなのだろうか（いつも、いつも）と考えるとODAをも支配している日本社会の根深い構造が見えてくる。なぜ、開発コンサルタントの姿が見えないのか。それは官の陰に隠れているからである。（中略）開発コンサルタントが官主導によるODA実施において下請け業者の地位に甘んじているから、ODAの質向上も人材育成もままならないのである。」

それでもNGOや研究者のODAへの関わりが広がるのにしたがって、開発コンサルタントのODAにおける役割に対する認識がむしろ高まった面もある。ODAにおける官民連携が謳われているが、ODAにおいて官のパートナーたりえるのは、やはり開発コンサルタントなのである。第1章1節に述べたとおり、途上国に長く滞在し専門性をもって開発協力の実を挙げることができるのが、開発コンサルタントだからである。またODA実施におけるアカウンタビリティを確保するのは、ODA実施機関職員と開発コンサルタントとのパートナーシップ以外にありえない。技術力、財務力も含めて責任能力があるのは、開発コンサルティング企業以外にはないのである。

案件形成における官民パートナーシップ

援助効果の向上が論じられるようになって久しいが、良い援助のためには良い案件を発掘・形成することが基本的に重要である。これが効果的な良い援助の原点である。ODA実施機関と開発コンサルタントとの官民パートナーシップは、ODA案件形成で最もよく発揮されるべきである。その基本となるのは、開発調査を含むODA案件の形成である。

開発調査は、1~2年にもわたって開発コンサルタントによる現地作業を中心として実施される。調査の段階に応じて公式の報告書が作成され、それをベースとして官民で協議して成果品の質向上を図っている。また調査の総括責任者は、随時ODA実施機関の本部や現地事務所と連携を図る。それでも開発調査の成果は一義的に実施に関わる開発コンサルタント次第であり、官による貢献は極めて限られている。

一方、形成調査や事前調査ならば、官民で徹底して議論をしながら良い案件を形成することが可能である。官民パートナーシップによって開発調査の対象と内容を精査してよい案件を形成したならば、その実施は開発コンサルタントに委ねればよく、官（発注者）としての管理業務は最低限で済むだろう。開発調査の実施段階で官民での議論が必要となるのは、現地において当初予期していなかった事情が判明した場合に限られるはずである。

プロジェクト形成調査の民活化

現状ではプロジェクト形成調査や開発調査の事前調査は官主導で行われ、これに少数の開発コンサルタントが役務提供している。そしてこれらの役務提供コンサルタントは、形成した案件や本体の開発調査（本格調査と呼んでいる）には参加できない。したがって、本格調査に参加したい実力のある開発コンサルタントは役務提供にはなかなか出てこない。これでは良い案件が形成される保証が乏しいだけでなく、形成された案件に対する責任の所在が明らかでない。

このような状況に対して、私はプロジェクト形成調査（プロ形）の民活実施を提案した。少し長くなるが以下に引用したい（「国際開発ジャーナル」2001年9月号）。

「プロ形にコンサルタントが責任を持ち、目の色を変えて取り組むようにすべきである。そのためにどうしたら良いか。まずプロ形を業務委託によってコンサルタントの責任で実施させる。工期2～3ヶ月、10～15人・月を目途とすればよいだろう。ただし、より良いプロジェクトの形成に向けて官民で徹底的な議論をする。その代わり、良いプロジェクトができたならば、その本格調査やパイロット実施を原則として同じコンサルタントに随意契約でやらせるのである。

本来は開発調査の質向上が狙いであるが、通常20ヶ月もかけて、大半現場で実施される開発調査を、JICA本部が管理し評価して質向上を図るというのは実際問題として無理である。プロ形ならば充分に管理できる。コンサルタント（特にプロジェクト・マネジャー）の評価もできるし、良いプロジェクトを作ることができる。この出発点が、開発調査の質向上にとって基本的に重要である。

本格調査等を随契で同じコンサルタントにやらせることは、コンサルタントに責任を持たせることである。コンサルタントも、自ら納得し官を説得して作った良いプロジェクトならば、その本格実施においても良い仕事をするはずである。（中略）本質的なことはコンサルタントに責任を持たせ、否応無しに良い仕事をさせることである。」

2. 開発調査の内容と実施方法

開発調査の種類については第1章2節に述べたが、ここではそのなかからセクターマスタープラン調査、地域マスタープラン調査、フィージビリティ調査を取り上げて各内容を概略説明したい。もちろん実際の内容は案件ごとにかなりの違いがあるが、開発調査が何を目指しているのか、そのためにどのような特徴をもつのかを論じるのが主眼である。

セクターマスタープラン

水資源、交通、観光、農業等の分野を包括的にカバーして開発の指針、戦略を立案し、開発目的を達成するためのプロジェクトや制度上の施策を形成・提案するのがセクターマスタープランである。原則として一分野に特化しその分野のあらゆる面を対象とするが、国全体を扱う場合と特定地域を対象とする場合がある。それに応じて相手国政府機関（カウンターパート）も中央省庁となる場合と、その地方出先機関や地方自治体等になる場合がある。

セクターマスタープランの利点は、カウンターパート機関が明確に特定でき、その機関の機能に直接関わる調査を行うので、調査がやりやすく調査結果が利用されやすいことである。もちろん当の分野に関わる関連分野もすべて視野に入れて調査を実施するので、関連機関は多岐にわたる。たとえば水資源マスタープランならば、灌漑農業をはじめとして水需要を発生させるすべての産業、上下水道、水力発電を含む電力供給、ダム等の大規模構造物に関わる地質や水文データ、そして社会面や環境等の関連分野を管轄する機関が含まれる。

それでも当の分野を中心的に所管するカウンターパート機関の選定を誤らなければ、関連機関との調整も比較的容易である。セクターマスタープランの対象となる分野を所管するのは、たいていの場合実施官庁である。したがって予算の裏づけも取りやすく、実施に結びつく現実的な計画を作成しやすいといえる。

このようなセクターアプローチは、近年の援助協調とも一貫性がある。援助協調におけるセクター包括アプローチ（ＳＷＡＰ）は、セクターごとに主導的援助機関を決め、そのもとですべてのドナーが調整しながらより効果的な支援を図るものである。ただし上の水資源の例にみられるように、ＳＷＡＰは各セクターの観点から関連セクターをみて総合的な援助を図るという意味で、実はマルチセクターアプローチなのである。

地域マスタープラン

地域マスタープランの基本的考え方は、セクター間の関連を地域の次元でみて、より効果的な案件を形成することである。このようなマルチセクター計画はセクター間の調整が難しく、結果として実施に結びつきにくいことは良く論じられている。またカウンターパート機関が複数になるか、さもなければ計画・調整機関がカウンターパート機関となる。後者の場合、実施機関でないため、特に途上国ではよほど力のある機関でない限り、セクター別の実施機関を説得しきれず調整不十分のため実施に結びつきにくい計画に終わる恐れもある。

セクター別の実施機関は地域マスタープランがあるかどうかにかかわらず、当のセクターのニーズに基づいて案件を形成し実施する。このことを前提として地域マスタープランの役割は、複数のセクターに関わる案件の形成、プロジェクト間の補完性や競合に配慮したセクター間の調整が中心となる。それは案件実施の順序や時期、予算・人材等の開発資源の配分に関わる調整である。そのような調整を経て地域マスタープランが作成される。また作成された地域マスタープランが、そこに含まれる個別案件の実施に際して必要となる関連機関の調整のための基準を提供することにもなるのである。

セクター間やプロジェクト間の関連に配慮して案件形成をして開発効果を高めるという意味において、地域マスタープランは正攻法である。援助協調においても、地域アプローチはセクターアプローチの代替案となりうる。というよりもSWAPがマルチセクターアプローチであるごとく、セクター間の調整なくして援助協調はありえない。地域マスタープラン調査はそのような調整・協調の初期過程であり、また作成された地域マスタープランは、その後の継続的な調整の基準を与えるものといえる。

フィージビリティ調査

分野あるいは地域の別にかかわらず、マスタープラン調査には複数分野と複数機関が深く関わる。フィージビリティ調査（F／S）では、分野と機関の関わりは簡単である。たとえば港湾改善のフィージビリティ調査ならば、恐らく運輸省の下の港湾庁か港湾公社のような機関がカウンターパート機関となり、他の関連機関は援助窓口となっている省や経済計画を所管する省庁ぐらいであり、その関わりも限定されるだろう。

開発コンサルタント・チームも恐らく当の港湾敷地内にあるカウンターパート機関内に事務所を構えるだろう。カウンターパートとの共同作業もプロジェクトサイトの視察も容易である。関連機関との調整もほとんど必要なく、必要な場合もカウンターパートが自然と中心となってやってくれるはずである。コンサルタントの役割は技術的な面にほぼ限定される。

多目的ダムのフィージビリティ調査の場合は、もう少し事情が複雑となる。水資源省のような機関がある国ではこれが調査のカウンターパート機関となるだろうが、そうでない場合は農業省、灌漑省、電力エネルギー省等それぞれの国の事情に応じてカウンターパート機関が決められる。多目的ダムが存在する地域の地域開発公社のような機関がカウンターパー機関となる場合もある。いずれにしても他の関連機関も含めて、調整・協調をしつつ調査を進めることになる。

対象となる案件の種類により異なるが、多くのフィージビリティ調査ではエンジニア中心の調査団が構成される。総括責任者の下で、対象となる土木・建築構造物の計画・設計、それに影響を与える地質、土壌、水文気象、潮流等の自然条件、施設の運用管理、そのための訓練、工事費の積算等に関わる専門家が中心的作業を行う。これに対して、法制、経済・財務、社会・自然環境等のいわゆるソフト面の専門家がエンジニアと共同で計画・評価しつつ案件形成・精査を行う。

開発調査の実施方法

開発調査の実施の仕方は変化してきている。大きな変化の1つは、現地作業期間が長くなり相手国側との共同がしやすくなったことである。かつて現地作業は、主としてデータ等の収集と相手国側との公式の協議のために行われた。収集したデータ等の解析および報告書作成は日本で実施することが多かった。調査の段階ごとに日本で作成した報告書を現地で相手側に説明し協議をする。そして次の段階について説明して必要なデータ等の提供を求める。それをまた日本で解析し次の報告書をまとめて、説明のために現地に戻る。この繰り返しによる調査を皮肉も込めて通勤方式と呼んでいた。

ある種のフィージビリティ調査のように、技術的検討が中心で案件を円借款による実施に結びつけるのが目的の場合、日本で解析をしたほうが効率も良く質の高い結果が期待できるので望ましい場合もあったと思う。しかし、マスタープラン調査では通勤方式は致命的欠陥をもつ。相手国側の変化する政策や実施機関の新しいプロジェクト等が充分に反映されない計画が作成される恐れがある。それ以上に、右に述べたようなマスタープラン調査の要であるセクター間・プロジェクト間の調整を実践することができない。

マスタープラン調査の目的が相手国側の幅広い能力向上（CD）であるからには、調査団員がなるべく現地にいるほうが良いことは当然のことと思える。ときには現地作業期間を分割し、各期間の間にカウンターパート要員に宿題を出して次の現地作業期間でその結果を検証しつつ調査を進めるのも良い方法である。いずれにせよカウンターパート要員との共同作業のためには、現地に長く滞在することが必要である。

3. 開発調査のフォローアップ

技術協力としての開発調査

開発調査は、対象とする途上国において相手国側のカウンターパート要員との共同によって実施するものである。その目的は案件によって異なるが、相手国側カウンターパート要員への技術移転はいずれの案件でも謳われている。その具体的内容はさまざまであるが、究極の目的は相手国側の開発問題に対処する能力向上（CD）である。しかしながら、2年程度の開発調査によって実現できる能力向上には限りがあることも事実である。したがって開発調査のフォローアップが大切ということになる。

かつては、同じ対象国で同じ分野あるいは地域に対して続けて開発協力を実施することを忌避する傾向があった。協力を続けなくてはいけないのは、初めの協力が充分な成果を挙げなかったことが原因であり、さもなければ援助の重複に他ならないと捉えられたのである。多くの国で多数の援助案件があるなかで同じ国の同じ分野や地域に続けて支援をするのは、公平性の面からも望ましくないという配慮もあったと思う。

現在ではＪＩＣＡによる「選択と集中」戦略の下、むしろ同じ国で同じ分野あるいは地域に継続的に支援をすることが援助効果を挙げるうえで望ましいと考えられるようになってきている。最近のすう勢として、開発調査を通じて基礎的な能力向上を図るとともに、さらなる能力向上のための方向や範囲を明らかにするやり方が多くの開発調査案件で採用されている。そして明らかとなった方向や範囲に沿って技術協力プロジェクトを形成してフォローする事例が増えてきている。

開発調査と実施案件

かつて、開発調査は実施に結びつかないとよくいわれた。そう言う人たちは、特定の案件を実施に結びつけるのが開発調査の目的と認識していたわけである。特定案件のフィージビリティ調査の場合は、当然のことながら実施に結びつけることが目的の1つであり、これは今後ますますそうなっていくべきである。

マスタープラン調査の場合、特定案件を実施に結びつけることが一義的目的ではないことは明らかかと思える。中・長期的な開発の指針を示しただけで特定案件が実施に結びつくと考えるのは現実的ではない。しかもそのフォローをすることは同じ対象分野あるいは地域に対する重複援助とみなされていたから、開発調査が実施に結びつかないことはむしろ当然と思われる。それでいてマスタープラン調査の結果がかなり実施に活用されていることは、むしろ賞賛すべきことではないだろうか。しかし、マスタープラン調査がその後の案件実施に活用された度合いは、案件によって甚だしい差があるというのが実状だろう。

マスタープラン調査と不特定包括契約

私は多くのマスタープラン調査に携わらせていただき、そのなかで作成したマスタープランをいかに実施へとつなぐかをいつも考えていた。フォローアップの1つの方法として、不特定包括契約（indefinite quantity contract；IQC）の適用を十数年前から何度か提案した。第4章1節で論じるカラバルソンのときが最初だった。その後提案をまとめて発表したが、その一部を引用したい（「国際開発ジャーナル」2001年9月号）。

「良いマスタープランを作ると、それを実施に結びつける上でやるべきことがたくさん見えてくる。個別案件の推進だけでなく、国際援助機関に援助協調をアピールする文書作り、強化すべき計画・調整機関の組織構成・分掌についてのアドバイザリー、要員訓練、民間投資案件ならばプレF／SやF／Sの実施、あるいは優先事業のパイロット実施等である。これらをすべてIQCでやる。マスタープランの実施推進という大枠だけ決めておいて、後は走りながら具体的な内容を決めていく。例えば3年間で5億円程度を、マスタープランの実施推進のために使う。」

その具体的内容は必ずしも特定できないが、目的と一般的業務範囲のみを定め、特定の業務は相手国側カウンターパート機関と協議しながら決めて実施するためにIQCを適用するわけである。現実的には全体予算とその執行期限も定めておいた方がよいだろう。具体的業務に応じて専門家を派遣し、必要に応じて資機材供与や研修事業を組み合わせて目的に照らした効果を挙げていく。これに応じて予算が消化されていく。

このようにすると、マスタープラン調査で良い仕事をしたコンサルタントに対してはさまざまな業務が次々と依頼され、予定より早く全体予算を消化してしまうかもしれない。逆に信頼を確立できなかったコンサルタントは、執行期限内に予算を消化しきれないことにもなりうる。それ以前にフォローアップ案件を担当させてもらえないかもしれないし、担当したとしてもＩＱＣ契約が打ち切りとなるだろう。良い仕事をしたコンサルタントがよりよい仕事をする機会を与えられるという仕組みは、ＪＩＣＡ業務の質向上のためにインパクトがあると私は考えた。右の引用の続きである。

「現状では良心的な仕事をするほど損という状況が、確かに存在する。政府間の取り決めである実施細則（Ｓ／Ｗ）に沿って、それから逸脱しそうな業務を切り捨てて仕事量の最小化を図ったほうが、相手国側の要請に柔軟に対応し持ち出し作業をするより得ということになる。成果品の質が問われない限り質向上への動機付けは乏しく、質向上はコンサルタントの良心のみによることになってしまう。これを変え、良い仕事をしたコンサルタントが更によい仕事ができるようにするものである。」

技術協力プロジェクトによるフォロー

この提案は残念ながら受け入れられることは無かった。現実的な制約があったからである。予算の単年度主義はその1つである。あらかじめ具体的な業務を規定できないと稼動すべき専門家も決められず、そもそも予算を立てることが難しい。目的に照らして具体的業務を決めるために必要となる効果測定の手法も充分に確立していなかった。

右に述べた技術協力プロジェクトによって開発調査をフォローする方法は、IQCの考え方に近いと私は捉えている。このようなやり方が可能となったのは、プロジェクト・サイクル・マネジメント（PCM）手法の発展、適用拡大によるところが大きい。

PCM手法をプロジェクト管理に適用する場合、まずプロジェクト・デザイン・マトリクス（PDM）というものを作る。これによって、まずプロジェクトが目指す方向性としての大目標とプロジェクトで達成すべき目標とを定義する。次にプロジェクト目標を達成するための具体的な業務を定義する。そして各業務を構成する活動を決め、そのために必要な投入（専門家の人・月、資機材等）を明らかにする。

技術協力プロジェクトは通常3年間実施されるので、予算は単年度ごとに決められても長い視野をもって効果を高めるよう計画することができる。マスタープラン調査によって明らかになるニーズに基づいてプロジェクト目標と業務内容を定義し、活動を定めて必要な投入を計画する。PCM手法のPDMによって、IQCでカバーすべき業務・活動がいわば定式化されるわけである。各業務および活動については実施効果を図る指標が定義される。IQCについての提案が直面した現実的な問題は、一応すべてクリアされることになる。

プロジェクト・サイクル・マネジメント手法の有用性と限界

PCM手法によって、マスタープラン調査のフォローを技術協力プロジェクトによって行うことが可能となったのは間違いなくよいことである。実質的にIQCに近いフォローができるはずである。しかし、PCM手法にせよPDMにせよプロジェクト管理の道具であり、その有用性は使い方次第である。

PDMにはその適用上の外部条件も明示されるが、外部条件の変化によってPDMを変更する必要が生じうることを念頭においておくべきである。また外部条件は変わらなくても、プロジェクトの進捗に応じてPDMに定義した目標、業務、活動を変える必要が生じることもありうる。

私が最近担当したパプアニューギニアの技術協力プロジェクトでは、外部条件およびプロジェクト目標双方に関わる変更をプロジェクト実施の途中で行った。外部条件として治安が維持されることを規定していたが、プロジェクトに関わっていた専門家、カウンターパート要員、協力NGO要員がプロジェクト対象地区の住民による襲撃を受けるという事態が発生したのである。

この外部条件は満たされなくなるとプロジェクトが成り立たなくなるいわゆるキラー条件であったが、プロジェクトを中止する代わりにこの条件を組み込む形でPDMを改訂して実施を続けた。具体的には、対象地区（山から下りてきた部族民が不法居住している地区でセトルメントと呼ぶ）との連絡体制、安全確保をセトルメント・リーダーの責任において整備することをパイロット事業実施推進の条件とした。また、行政官に加え対象地区のセトルメント・リーダーを能力向上の対象に加えるようプロジェクト目標も変更した。結果的には災い転じて福とすることによって、より幅広い能力向上を図ることとなった。

このような変更はPCM手法からはでてこない。PDMに沿って活動を変更したのではなく、変更の必要性を相手国側カウンターパートとの協議を通じて明らかにし、JICAに説明して合意を得たのである。JICAと開発コンサルタントとのパートナーシップ、カウンターパートとの信頼関係があって可能となった変更といえる。

アメリカ国際援助庁の技術協力

以上との関係で参考となるアメリカ国際援助庁（USAID）の技術協力例について説明しておきたい。第4章3節で論じるダバオ地域総合開発を実施していたとき、USAIDが「ミンダナオの公正を伴う成長」プロジェクト（GEM）を実施していた。これはJICAでいえば技術協力プロジェクトに相当するスキームで、5年間を予定し人的投入量は現地要員も含めて実に1，000人・月とされていた。

USAIDは、JICAがPCM手法を採用するはるか以前からログフレームと称してプロジェクトの業務・活動の論理的つながりを明示して実施管理する手法を確立していた。この案件もそれによって管理していたはずだが、実施効果の評価は極めて具体的なものであった。たとえば地場産業の振興のための支援という業務に対して、1年間にある一定規模以上の投資額の中小企業をいくつ設立できるかといったものである。さらにそのように具体的に評価した結果にも基づいて、次年の開発コンサルタントの技術報酬額を調整することまで規定していた。

評価手法のあり方

いかなる評価システムも評価手法も使い方次第であるが、基本はＪＩＣＡと開発コンサルタントとのパートナーシップおよび相手国側カウンターパートとの信頼関係があって初めて意味のある評価ができるということである。ＵＳＡＩＤのような具体的で厳しい評価が必ずしも最善ではない。右の例の場合、結果としての数字だけを求めるならば、コンサルタントは間接的に少しでも支援した中小企業も含めて自らの実績を主張しようとするだろう。しかしながら、それが実質的な貢献でないならば、カウンターパートとの信頼関係にかけてそのような主張はできないはずである。カウンターパートとの信頼関係がなく、コンサルタントが自らの実績を主張するならば、数字の上での評価は高くなってもカウンターパートによる評価は低くなるはずである。

評価システムによらなくても、パートナーシップによって実績がお互いに理解できていて初めて、それを評価システムによって定式化することが意味をもつのである。ＰＣＭ手法にせよＰＤＭにせよ道具であるが、それは対話の媒体という意味合いで理解すべきである。プロジェクトの外的条件の変化や実施の進捗に応じてＰＤＭに必要な変更を施すことは当然のことである。

第Ⅱ部　開発調査は効果を挙げているのか

第3章　開発調査の目的と効果

1. 開発調査の目的とその変化

開発調査の目的についてはすでに第Ⅰ部で何度か言及した。すべての開発調査で技術移転が目的の1つとして謳われている。その内容は案件の種類と開発調査のレベルによって異なるが、開発問題に対処する相手側の広い意味での能力向上（CD）こそ開発調査の究極の目的であると述べた。また開発調査は実施に結びつかないとよくいわれた時期があるが、そういう人たちは開発調査の目的を、対象とする案件を実施に結びつけることだと認識していたことになると述べたが、実状ははっきりした目的意識をもたずに多くの開発調査が実施されていた時期があるということだと思う。そのような状況を振り返りつつ、開発調査の目的につきもう少し広く考えてみたい。

実施に結びつけるという目的

特定案件を実施に結びつけることが目的ならば、ＪＩＣＡ調査団だけで調査を実施すればよいはずである。分析作業は日本でやったほうが効率は良いだろう。現地に行く目的は、現場踏査を含めたデータの収集および相手国政府の意向の確認ぐらいのものだろう。特に円借款による実施を目指すならば、東京で国際協力銀行（ＪＢＩＣ）と協議しながら調査をまとめたほうが良いかもしれない。

それでも、実施段階になって地元での反対が起こらないように住民と協議を重ねつつ計画を練り上げる必要がある。これも別途ＮＧＯを雇って、調査団中心の作業による計画内容につき情報開示をしつつＮＧＯをファシリテーターとして協議をして、その結果を計画に反映すれば良いだろう。実際、円借款案件の実施を業務とする実務的なＪＢＩＣの調査案件はこのような考え方によっていると見受けられるものがあった。開発コンサルタントが調査のために現地に長く滞在する必然性は無いということになる。

フィージビリティ調査の目的と変化

特定案件のフィージビリティ調査（Ｆ／Ｓ）の場合、当然のことながら実施妥当性の検証が目的といえる。しかしフィージビリティ調査を実施して妥当性がなかったと判明するというようなことは、本来あってはいけないと私は思っている。それでもフィージビリティ調査の実施方法やさまざまな技術的検討の方法を技術移転したことは相手国の役に立ったはずだ、というのはかなり苦しい正当化の理由付けである。

私がＯＤＡのもとで携わった初めてのフィージビリティ調査は、スーダンのフェロクローム精錬工場設立計画調査であった。商社とメーカーが戦略希少金属であるフェロクロームの供給源確保のため、精錬工場設立をスーダン政府に提案したのがきっかけであった。その後フェロクロームの市況が変化し、フィージビリティ調査によって精錬工場設立は投資妥当性がないとの結論が出されることになった。商社とメーカーの思惑によってＯＤＡによる資源確保が図られ、また精錬工場設立を断るためにＯＤＡが利用されたものである。調査結果の現地説明に際しては、４日間にわたってフィージビリティ調査の内容を詳細に説明し、多少とも調査が現地側に役に立つよう願った。このような結果となったことに対して、ＪＩＣＡ理事より厳しいコメントがあったのを覚えている（橋本、１９９２年）。

これからのフィージビリティ調査は実施を前提として、そのための条件を整備するための調査とすべきである。ただしその前提として、案件が実施に値するという根本は確認しておかなければならない。これは実はマスタープラン調査の役割なのである。すなわちマスタープランによって広いベースで案件形成がされ優良案件と確認されているものについては、実施を前提としてフィージビリティ調査を行うべきである。

実施条件のなかでも相手国側の管理能力や組織・制度に関わるものが重要である。これらを調査を実施しつつ整えること、また調査を通じて明らかになるさらなる能力向上、組織強化、制度整備につき対応策を検討することがフィージビリティ調査の役割である。そしてフィージビリティ調査の実施を通じて明らかとなる相手側の実施能力に応じた案件を形成すること、またはさらなる能力向上のための施策を案件実施業務のなかに組み込むことが肝要である。これらは結局のところ、個人、組織、制度・社会レベルでの能力向上に他ならない。対象案件を実施に結びつけるためのフィージビリティ調査も広い意味での能力向上が目的ということになる。そしてそのような内容ならば、現地で相手国側と共同作業し能力向上を図りつつ調査を実施することは当然のことと判断される。

マスタープラン調査の目的

マスタープラン調査の目的は、対象とするセクターや地域につき中長期的な開発の具体的な指針を示すことといってよいだろう。その内容は、計画対象期間内に順次実施すべきプロジェクトやプログラムおよびそれらを補完する制度的施策を形成することである。形成したプロジェクトやプログラムおよび制度的施策の実施が相手側によって推進されるよう、調査の共同実施を通じて相手側の意識および能力の向上を図る。

開発行政に関わるカウンターパート要員にとって、優良案件とは開発効果が高いと認められる案件のはずである。そのような案件を自ら形成する作業を通じて、実施への動機付けが高まるはずである。しかし、調査実施を通じて実現できる能力向上には限界がある。その後のさらなる能力向上の方向性と内容を明らかにすることもマスタープラン調査に求められる。形成されたプロジェクトや制度的施策のなかには、自らの能力向上だけでなく、開発行政のための組織力の強化や制度整備に関わるものも当然含まれる。調査を通じて能力を向上させたカウンターパート要員がこれらの案件を主体的に実施推進することが期待される。この意味でマスタープラン調査も直ちに実施に結びつけることができるのである。

目的の明確化と評価

以上より明らかなことは2点ある。1つはマスタープラン調査であれフィージビリティ調査であれ、開発調査の究極の目的は能力向上に帰するという点である。特定案件の実施に結びつけるのが目的であるフィージビリティ調査でも、実施条件の整備の一環として能力向上を図る必要がある。もう1つは開発調査に応じて具体的な目的を明らかにし、目的に照らして実施状況や効果を評価することが肝要だという点である。

以前の開発調査では目的に対する意識があいまいであったと思う。技術移転を目的とするとしながら案件実施の観点から評価したり、実施に結びつけることを意図しながら技術移転が目的と逃げを打ったりしていた事例が少なくなかったと思う。マスタープラン調査が実施に結びつくとは、相手側が主体的に案件を推進することに他ならない。それならば外部者の努力によって単に案件が実施されれば良いということではなく、どの案件が誰によって実施されるかを問うことが肝心であろう。フィージビリティ調査の場合は、案件の実施と共に、調査を通じて整備された体制および向上した能力によって、案件が相手側主体で適切に管理されるかどうかが評価されなければならない。

2. 開発調査の効果とその評価

マスタープラン調査等の活用率

前節で引用したフォローアップ調査は、最近のマスタープラン（M／P）調査等を「活用率」によって評価している。右に述べたようにマスタープラン調査でも実施に結びついたかどうかで評価することができ、それは相手国側がマスタープラン調査の成果品を活用して主体的に案件等を推進・実施しているかどうかを評価することになる。この意味において、活用率はマスタープラン調査等を評価する適切な指標である。ただし「活用」の定義には恣意性が伴う。マスタープラン調査であるからには対象としたセクターや地域の正式の基本計画書として採択されたり、国家開発計画の策定に反映されたりすることこそ活用であろう。

ＪＩＣＡによる「活用」の定義はやや甘いものにとどまっており、「提言等の具体化に向けて相手国政府によって何らかの措置が講じられている」あるいは「提言への対応が検討されている」が判断基準に含まれている。これにより、１９７４年以来実施されたマスタープラン調査等６１８件に対して、活用率は92・１％と評価されている。このフォローアップ調査では、開発調査実施から10年を経た１９９６年に完了した案件および２０００

〜05年に完了した案件をさらに詳細に評価している。これによると、マスタープラン調査等193件の活用率は96・9％に上る。

最近の案件の方が高い活用率となっていることには少し疑問を抱く。実際、2003年、2004年に完了した56件の活用率は100％である。少し意地の悪い見方をすると、最近の案件では客観化されない情報を入手しやすく、それを甘い基準に照らして好意的に解釈した結果とみることもできるかもしれない。活用の中身をもう少しみてみよう。

マスタープラン調査等の活用内容

マスタープラン調査を活用して提案事業の資金調達が実現しているものが160件中91件（56・9％）ある。実施に結びつくという意味では最も確かな成果といえる。ただし調査に用いた質問表をみると、提案事業のうち1件でも資金調達ができていればこの基準を満たしていることになる。第4章2節で論じている中部ルソンの場合、調査完了後わずか2年余りで、提案した社会開発案件28件のうち実に18件が実施されていた。案件ごとに状況は異なるので直接的な比較はできないとはいえ、やり方次第でそのような成果を挙げうることを考えると、2〜3年経過して少なくとも1件が実施に結びついていることは成功と呼べる最低限の条件ではないだろうか。

次段階調査が実施されたのは69件（43・2％）、日本の技術協力に結びついたのが61件（38・1％）ある。これは相手国側の努力と開発調査を担当したコンサルタントによる努力の双方が反映しているだろう。一義的に相手国側の努力による国家開発計画等への活用に結びついたのは23件（14・4％）にとどまっている。

フィージビリティ調査等の事業化率

同じフォローアップ調査は、フィージビリティ（F／S）調査等を「事業化率」によって評価している。これは当然のことであるが、対象案件が実施済みあるいは実施中の場合だけでなく具体化が進行中のものも基準に含まれており、やはり判断にやや恣意性が伴う。この基準により1974年以来実施されたフィージビリティ調査およびマスタープランとフィージビリティ調査とを合わせた調査1、176件のうち715件が事実上事業化され、事業化率は60・8％となっている。1996年および2000〜05年に完了したフィージビリティ調査等178件のうち事業化されたのは105件、事業化率は59・0％である。

事業化が進行中であるという判断の恣意性を排除するために、少し厳しい基準を適用してみよう。フィージビリティ調査の完了から2年余り経てば案件が少なくとも一部は実施されていなくてはいけないとすると、事業化率は1996年の76・3％から2000年には43・8％と下がり、01年42・9％、02年26・5％、03年23・5％となっている。

開発調査の打率ということが一時期よくいわれた。開発調査のうち実施に結びついたものの割合のことである。フィージビリティ調査の打率は最近でも60％程度の水準であり、やや低いといわざるを得ないだろう。マスタープラン調査でも右に述べたように実施に結びついたかどうかで評価する意味はあるのだが、フィージビリティ調査の場合は、前節で論じたように今後は実施を前提として、実施条件を整える調査にしていくべきである。そうなると、フィージビリティ調査が完了してから2～3年程度経った段階での事業化率は少なくとも85％ないし90％程度にはなるべきだろう。

資金調達の内容

資金調達が確定しているという意味で事業化されたと判断される105件の開発調査で、資金調達が実現している案件の総数は148件である。資金源は円借款が40件（27・0％）、無償資金協力が32件（21・6％）と日本のODA資金によるフォローが約半数を占める。事業化を支援する仕組みがある程度機能しているとみることができるだろう。自己資金による実施が33件（22・3％）、他の援助国や国際機関からの資金調達が26件（17・6％）あることは評価できる。フィージビリティ調査等を担当したコンサルタントが相手国側の当事者意識を高めた事例が含まれているに違いない。

資金調達の時期が明らかとなっている74件に対して、調査完了後2年までに55件（74・3％）、3年までに64件（86・5％）、4年までに71件（95・9％）が資金調達を実現している。右に述べたようにフィージビリティ調査が実施条件を整える調査へと変わっていくなかで、やはり2～3年程度で資金調達実現を目指すのが妥当と思われる。

開発調査のインパクト評価

ＪＩＣＡは２００１年度よりさらに詳細なインパクト調査を実施し、その内容は次第に深化してきているようである。その結果を包括的にまとめたものはないが、いくつかのマスタープラン調査のインパクト調査の結果を示しておきたい。これは評価5項目、すなわち妥当性、有効性、インパクト、効率性、自立発展性による評価を中心とするものである。評価の深さは案件によってかなりの違いがあるが、そこから読み取れる効果をあえて3段

図表2　JICAマスタープラン調査のインパクト評価まとめ

案　件	妥当性	有効性	インパクト	効率性	自立発展性
ヨルダン国観光開発計画調査	○	○	○	△	○
シリア国総合観光開発計画調査	○	×	×	△	−
ベトナム国ハノイ地区工業基地開発計画調査	○	○	○	−	○
タイ国ラムチャバン工業基地開発計画調査	○	○	△	−	○
ケニア国道路網整備マスタープラン調査	○	○	△	△	△
チリ国環境配慮型首都近郊農業開発計画調査	○	△	○	△	△
フィリピン国マガット灌漑システム維持管理強化計画	○	△	−	○	−
インドネシア国電力セクター総合エネルギー開発計画調査	△	△	○	○	△
インドネシア国工業分野振興開発計画（裾野産業）調査	△	△	△	△	△

*○：高い評価　△：中程度の評価　×：低い評価　−：評価なし
出所：JICA，各年度開発調査実施済案件評価調査（セクター別）。

階評価して図表2にまとめた。
図表2に示したとおりこれら案件の妥当性は概ね高いが、有効性とインパクトには案件間に大きな差があるようである。ヨルダン国観光開発計画調査は、提案されたプロジェクトの円借款による事業化に向けJBICによる形成調査（SAPROF）が実施され、その後JICAによる実施設計調査、円借款による観光セクター開発事業へと結びついている。建設後の施設運営・管理に関わる技術協力等も検討され自立発展性も高いとみられた。日本のODAによるフォ

ローによって成功した例であるが、調査内容が優れていたことが根底にあると考えられる。

ベトナム国ハノイ地区工業基地開発計画調査も成功例といえる。ハノイ人民委員会からの質問表の回答において、プロジェクトの目的をほぼ達成したこと、調査報告書の提言もかなり活用したことが示されているとのことである。なかでも、提案された工業団地が日本企業と現地企業の合弁企業によって建設されたことが特筆されている。これは当調査を担当した開発コンサルタントが工業団地の設計・施工を担当したことによるとしている。

次に、評価が低いとみられる案件について評価内容をみてみよう。シリア国総合観光開発計画調査は、調査完了後マスタープランの承認、実施計画の策定等のシリア側によるフォローアップがなく、優先ゾーン開発計画、アクションプランも合わせて調査結果が有効に活用されていないとされている。これは当時チーフ・カウンターパートであった観光省副大臣が更迭されたという政治的要因によるところも大きいとし、新しい観光大臣のもとで改善が期待されている。このＪＩＣＡ調査は世界観光機構（ＷＴＯ）がレビューしており、それによると、人的資源開発、社会環境評価、法制面での提案内容が不十分とのことである。また「論理的な計画であるが実用性という観点からは必ずしも十分ではなかった」とのシリア側コメントが多かったと報告されている。

インドネシア国工業分野振興（裾野産業）計画調査は、インドネシアの中小企業育成のための日本の継続的支援の流れのなかにある調査である。本調査終了後、インドネシア側で中小企業の定義の改正、産業貿易省内での中小企業担当部局の設置、小規模企業向け融資枠の拡大などが実施され、またＪＩＣＡによる税関システム改善のための開発調査および金属・機械工業開発研究所に対するプロジェクト方式技術協力が実施された。これらがいずれもインドネシア政府が自力で実施したものではないことを指摘し、そのため提案の実施が開発課題の具体的な解決に結びつくとの結論を導き出すことはできないとしている。この開発調査も含めてインドネシア向け中小企業分野の協力が、自立発展性を支える能力向上や制度整備抜きに提言を行ってきていること、本調査でも調査活動の大部分が調査団員によって行われたとの印象をカウンターパート要員がもっていることが指摘されている。

以上を含めて、図表2に示したマスタープラン調査が全体として適切な効果を挙げているといえるのかどうかは議論の分かれるところだろう。明らかなことは、開発調査を成功に結びつけるためにはフォローアップが大切だということ、成功を確実なものにするには日本のＯＤＡによってフォローするのが良いこと、そして日本のＯＤＡによるフォローを正当化するためには、開発調査そのものが適切に実施され、よい成果を挙げていることが前提となることである。

3. 地域開発マスタープラン調査の目的と効果

JICA地域総合

開発調査の目的と効果についてさらに考察を深めるため、マスタープラン調査のうち地域マスタープランを取り上げたい。ＪＩＣＡによる地域マスタープランは地域総合開発計画調査（略して地域総合）と呼ばれ、30年に及ぶ実績をもっている。世界の援助機関のなかでこのような技術協力スキームをもっているものはなく、その実績も合わせて世界に誇るべきことだと私は思っている。その特徴は、途上国の戦略的に重要な地域を取り上げ中長期の開発指針を示すこと、複数のセクターにつき相互に調整しながら総合計画を策定すること、多数の専門家が現地に長期で滞在し相手国側と共同で計画策定を行うこと、そのためにかなりの人的投入をすること、である。

ＪＩＣＡの地域総合は1年に2～3件が実施されるだけで、ＪＩＣＡ技術協力の主力とはいえない。そのせいもあるかもしれないが、ＪＩＣＡ職員のなかでも必ずしも良く知られていない。そして知っている人の間ではかなり批判的に捉えている人が少なくない。主な批判は、投入量が大きくその割には実施に結びつかないというものである。何のために実施するのかという批判を最も受けやすい開発調査といえる。したがって開発調査の目的と効果を論じるうえで格好の対象なのである。

地域総合の目的

ＪＩＣＡ地域総合の目的は、可能性を含めるとあらゆる開発調査の目的を包含しているといえる。まず、個別案件ごとのアプローチと比べてより良いプロジェクトをセットで形成・推進するという目的が考えられる。プロジェクト間・セクター間の連関を地域の次元でみることによって、相互補完的でより効果の高い案件を複数形成することができる。また中長期的なビジョンを反映することによってもより良い案件を形成できる可能性がある。プロジェクトありきで形成・評価すると他のセクターとの関連が反映されにくく、幅広い中長期的効果が配慮されにくい。

次に、計画作りを通じて実施条件の整備を図ることも目的となりうる。総合計画を策定するためにはセクター別に実施機関の相互調整が不可欠である。これを相手国側との共同作業によって行うことを通じて、実施機関および計画調整機関の能力向上を図ることができる。さらに引き続きマスタープランを実施推進していくために必要な組織強化や制度整備のための施策を提案することもＪＩＣＡ地域総合の目的である。

以上に加えて地域総合の潜在的目的として以下が考えられる。地域総合マスタープランは政策レベルに近い計画であり、対象途上国の国家開発計画に対して重要な材料を提供する。また日本側では、途上国に対する国別援助計画作成に実質的な貢献ができる。さらに最も重要なことは、日本の援助理念の実体化、および相手国に対する政策支援の方法ともなりうることである。

援助理念の実体化という方向性を敷衍すると、地域アプローチによる援助協調の可能性がみえてくる。地域総合マスタープランが相手国側との共同によって作成されたものであるならば、そのオーナーである相手国政府がそれを道具として援助協調を主導することはまったく正当なことである。それを途上国側に立って支援する一歩となるのがＪＩＣＡ地域総合である。政策支援の一例として貧困削減を取り上げるなら、第8章2節に論じるように地域アプローチは経済波及効果による貧困削減、社会的セーフティネットによる貧困削減に対して第3のアプローチとなりうる。地域総合マスタープランは、そのための具体的施策を複数プロジェクトと制度的施策の組み合わせとして提供することができる。

地域総合の途上国側からみた利点

一部繰り返しになるが、右に述べたことを途上国側から見直してみよう。まずより良いプロジェクトのセットとしての形成は途上国の利益となる。またマスタープランが存在しそのなかで形成され選定されたプロジェクトであることは、いかなる援助機関が相手であってもそのプロジェクトを推進する上で最も説得力があるはずである。ただしこの面での利点を下手に強調すると、策定したマスタープランに沿って日本が丸抱えで実施してくれるとの誤解を招きかねない。共同作業による策定を通じて、あくまで相手国側にマスタープランのオーナーシップがあることを認識してもらうことが重要である。

地域総合案件は、うまく実施すると途上国側の地域開発機運を大いに昂揚させることができる。共同作業によって相手国側を巻き込んで計画策定をするほど開発機運は盛り上がる。地域としての一体化、それを象徴するビジョンの形成・浸透を図ることもＪＩＣＡ地域総合に課せられた役割だと私は思う。それによって関係者・関係機関の糾合を諮ることは内発的開発のきっかけともなりうる。

共同作業による計画策定を通じて相手国側行政官等の当事者意識を向上させることができる。また計画の不可欠の過程であるセクター間、プロジェクト間の調整は援助案件の調整にも適用される。これによって、多くの援助機関との援助協調において途上国が主体性をもって対応する可能性が高まるだけでなく、作成された地域開発マスタープランを調整の道具として用いることができるわけである。

ＪＩＣＡ地域総合はかなりの広域を対象とし、対象地域には複数の州および多数の自治体が含まれるのが通常である。それでも草の根からのボトムアップによる案件形成も含め、参加型を反映して計画策定をすることができることを地域総合のいくつかの事例は示している。先進国・途上国を問わず開発行政の地方化、地方分権が大きなすう勢となるなかで、地域総合は地方分権推進の1つのテコとなりうる。地域総合を通じて地域住民および地方自治体の意識向上、計画能力の向上、中央政府機関との連携強化等を図ることができるからである。

ＪＩＣＡ地域総合に対する批判

このように可能性も含めて重要な目的にかなうＪＩＣＡ地域総合であるが、これまで批判的な見方が支配的であったことも事実である。まず実施に結びつきにくいとの批判がある。これには2種類の意味があり、1つには特定の案件を実施に結びつけたい推進者からはマスタープランなど作っているのはまどろっこしいといった批判である。これに対してはマスタープランによる認定以上に案件推進の良い方法はないという正論に注意を喚起し、そもそも特定案件を推進することは地域総合の目的ではないことを指摘するにとどめよう。もう1つは現実的な計画が策定されないとの批判である。いわゆる絵に描いた餅であるというのは、提案内容の中身の問題と実施体制の双方に関わっている。提案内容については現実的でないといわれるのは致命的である。

実施体制については計画策定の方法の問題に帰する。途上国においても開発プロジェクトの形成・実施はセクター別の実施機関によっている。地域総合の場合、多数の実施機関が関わるのでカウンターパート機関を特定しにくい。結果として特定の実施機関でなく計画調整機関がカウンターパートとされる場合が多い。計画調整機関に充分な力がない場合、セクター別の実施機関を調整しきれずに相互に整合性のないプロジェクトが提案されることになりがちである。もちろん調整を支援するのが調査を担当するコンサルタント等の役割であるが、力が及ばなければ実施機関が納得しないままプロジェクトが提案され実施に結びつかないことになる。このような調整過程は地域総合の重要な業務の一部であり、その過程における関係機関の能力向上は他の開発調査と同様に地域総合の目的なのである。

ＪＩＣＡ地域総合による計画は総花的だと批判されることも多い。こう言われることも致命的である。マスタープランは対象の全体をみなくてはならないが、これは全体に同じように配慮するということではまったくない。マスタープランの基本は優先順位付けである。より重要な面に絞るために全体をみるのである。計画策定を通じてより重要な側面に絞り込むことこそマスタープラン調査の役割である。そのためには、調査の途中で調査団の要員構成、人・月配分を変える等の柔軟な対応が本来は必要なのである。

ＪＩＣＡ地域総合に対するもう1つの大きな批判は、時間やコストがかかりすぎるというものである。これは効果に照らして論じ判断しなければならないことだが、右で論じた目的に照らしてある程度現地作業量を多くすることは必要なことである。一方、計画の精緻化にあまり時間をかけるのは意味がないかもしれない。要は目的に照らして適正な投入量を決めればよいことだろう。目的を対象途上国および地域に応じて適切に定めることが前提となる。

地域総合の評価

さてさまざまな目的、それも重要な目的のために実施するＪＩＣＡ地域総合ならば、その効果に対して相当に意識的でなければならない。まず右記より、潜在的可能性も含めてＪＩＣＡ地域総合の主な目的をまとめると以下のとおりである。

（１）優良案件の形成・推進
（２）計画・調整および開発推進能力の向上
（３）組織強化、制度整備を含む幅広い能力向上（ＣＤ）のための提案
（４）援助理念を反映する政策支援
（５）途上国主体による援助協調の支援
（６）中央政府との連携強化による地方分権の推進

各目的に照らしてこれまでに実施された地域総合案件の効果を評価するには、かなりの調査が必要である。次章以下に私が担当した案件についてご紹介するが、ここでは他の案件も含めて効果の例を概略述べておきたい。

優良案件の形成

１９９３年に完了した東北タイ南部・東部タイ北部地域総合開発計画調査では、基幹プロジェクトの１つとして新インドシナ・ゲートウェイ道路が提案された。これは当時発展

目覚ましかった東部臨海地域（ＥＳＢ）と当調査の対象であるタイの最貧困地域とを直結し、メコン河を越えてラオスを経由してベトナムのダナン港までつなぐもので、ＥＳＢとの関連で貧困地域の地場産業を振興することを企図したものである。この案件は、調査実施中からカウンターパート機関であった国家経済社会開発庁（ＮＥＳＤＢ）のピシット長官（当時）の熱烈な賛同を得、マスタープラン完成後ほどなく実施に移され、ＮＥＳＤＢの当地域開発への熱意を象徴する案件となった。

この地域総合案件は、その他の案件実施も含めて地域開発への効果を、ＪＩＣＡが国際開発学会に委託した調査によって検証している。調査結果によると、東北タイとバンコク首都圏との所得格差は奇しくも１９９３年まで拡大したのち縮小してきている（国際開発学会、２００１年）。これを当調査の成果と判断するには信頼できるデータが不十分であるが、今後さらなる検証をする意味のある案件である。

ケニアのビクトリア湖周辺地域総合開発計画調査によって推進されたソンドゥ川の多目的ダム・プロジェクトは、海外経済協力基金（ＯＥＣＦ：ＪＢＩＣの前身）による円借款を得て１９９３年に着工された。鈴木宗男衆議院議員（当時）をめぐるスキャンダルによって中断されたが、２００４年に入ってケニア政府とＪＢＩＣとの間で第２期工事に対する円借款の合意がなされて完成に向かった。開発コンサルタントによる形成調査から数えると20余年が経過し、当調査の案件形成・推進効果という意味では評価が分かれるかもしれない。

幅広い能力向上効果

次章で論じるフィリピンの中部ルソン開発計画調査では、調査実施中から計画実施に向けたフィリピン側の動きが始まった。カウンターパート機関であった貿易産業省（DTI）の地域局にコミュニケーション・オフィスが設置され実施推進の母体となった。マスタープランで提案した案件の優先順位評価やレビュー・推進のためのワークショップが開かれた。その後オフィスは閉鎖となったが、マスタープランの提案に基づいて中部ルソン成長回廊が定義され、地域開発情報センターの設置、プロジェクト優先順位評価等がDTIの主導で実施された。

第4章2節で詳述するが、中部ルソンでは調査を通じて住民代表としてのNGOと政府機関との関係を強化し、開発に関わる最高意思決定機関である地域開発評議会のNGOメンバーを互選によって選ぶという成果を挙げた。つまり住民参加に関わる制度強化、地方分権推進にも貢献したということができる。

参加型を取り入れて計画策定を行った地域総合については、調査を通じて個人レベルの能力向上（CD）効果があったことは疑いない。さらに継続的で幅広いCDのための組織強化や制度整備に関わる提案をすることも地域総合の役割となっている。スリランカの南部地域開発計画調査では、調査期間中に南部開発公社（SDA）が設立されマスタープランの提案に沿って強化された。第4章3節で詳述するフィリピンのダバオ地域総合開発計画調査では、地方自治体連合であるダバオ総合開発プログラム（DIDP）オフィスがカウンターパートとなり地方分権を支援する計画作りが行われた。DIDPオフィスは調査中に拡充され、マスタープランをフォローする体制が強化された。

その他の効果

第5章で論じるエルサルバドル経済開発調査は数少ない政策支援型開発調査である。エルサルバドル政府の地方分権、地方開発政策に沿って国家計画委員会（CND）をカウンターパート機関として、特に後進地域である東部地域の開発計画が策定された。東部地域を事例とし既存の機関や制度に極力基づいて中小企業振興、技能訓練、ビジネス・インキュベーション、マーケット情報センター、通信情報（ICT）化推進、技術教育改善等のための提案を行った。マスタープランの完成は２００４年であるが、２００６年になってアメリカ政府が対エルサルバドル支援特別プログラムを策定した際、ＪＩＣＡ開発調査によってマスタープランが作成されていることを高く評価し、ＣＮＤを実績志向の機関としてその提案を好意的に受け止めたと聞いている。

ＪＩＣＡ地域総合をはじめとしてマルチセクター計画調査を実施するうえでは、関連政府機関だけでなく、関連支援を実施している援助機関等とも連携する。モザンビークのアンゴニア地域総合開発計画調査では、ＵＮＩＤＯと共同で企業実態調査を実施したのをはじめ緊密に協力した。エルサルバドル経済開発調査では多くのＮＧＯを活用して各種のサーベイを実施したが、このなかにはアメリカの主要都市における在外エルサルバドル人の実態調査や日本および近隣諸国での投資意向調査も含まれている。

これらの例のようにグローバル経済のなかで地域開発を構想する上では、他の援助機関等との連携や他の国々での調査がますます重要になってきている。他の援助機関等との連携はすでに援助協調の一環であり、その結果作成されるマスタープランはその後の援助協調のための道具を途上国政府に与えるものである。また他の国々での調査は広域協力や外国投資促進の一環と捉えることができる。

第4章　参加型計画による開発調査の効果

1. カラバルソンから中部ルソンへ

日本のODAにおける参加型計画の嚆矢

日本のODA案件において、程度の差はあれ住民参加を反映させることはいまや常識となっている。小さなコミュニティ開発型案件では住民参加によって案件の形成・計画を行い、その参加体制を維持して実施にも活かす例が近年多くみられる。大きなインフラ案件でも計画の節目で住民参加のワークショップを開催し、情報を開示し計画内容につき議論をして計画の精査に反映する試みがされるようになった。率直に言ってODA案件における住民参加の程度はまだ不十分と思うが、日本の公共事業における住民参加の水準と比べて、制度整備はともかくとして実質的にはむしろ高い水準にあると私は思っている。

日本のODAで住民参加が謳われるようになってから、実はそれほど年数は経っていない。私が1993年10月から1995年8月にかけてフィリピンの中部ルソン開発計画調査の総括を担当したとき、現状分析の一環として現地のNGOと協力して簡易社会調査を実施すべきことが指示された。このときJICAがNGOを介して住民参加を反映して計画すべく指示書に明記した最初の事例であるといわれた。実際はそれに先立って円借款案件で住民参加が実践されたが、それはイギリスの海外援助庁との協力案件であり、住民参加関連業務はイギリス側の担当であったと聞いている。

議論を呼んだカラバルソン

中部ルソン開発計画調査で初めて初歩的な住民参加の試みが指示されたことには明確な背景がある。中部ルソンに先立つこと2年半、1991年2月から1992年10月にかけて、同じフィリピンでカラバルソン地域総合開発計画調査が実施された。団長は日本工営の高橋修氏（現会長）であり、私は副総括として現地業務を統括した。このカラバルソン・プロジェクトは日本の数多いODA案件のなかでも最も議論を呼んだ地域開発プロジェクトである。多くの研究者やNGOがODA批判において重要な事例として論じている（諏訪、1996年：小島・諏訪、1996年）。

私自身日本で、あるいは現地作業期間中に内外の研究者等から取材を受けた。ドイツの研究者は戦略的援助の一環としてカラバルソンを捉えており、アメリカのフィリピンに対する軍事的影響力が低下するなか、日米間の合意に基づいて日本がカラバルソンに対する開発援助の形でフィリピンに対する影響力を肩代わりしようとしているという論点で取材していた。

日本のフィリピン侵略?

カラバルソン・プロジェクトはフィリピンの貿易産業省（ＤＴＩ）が構想し、メトロマニラの一極集中を緩和するために工業化をテコとして隣接する5州を地域開発しようとするものだった。その5州、すなわちカビテ（Cavite）、ラグーナ（Laguna）、バタンガス（Batangas）、リサール（Rizal）、ケソン（Queson）を組み合わせてカラバルソン（CALABARSON）と呼ぶ。

そのため、外国投資を中心とする工場誘致のために経済インフラを計画的に整備することを目指していた。ところがＤＴＩが構想していた主要インフラ・プロジェクトのほとんどことごとくが、地元住民の反対に直面していたのである。住民移転問題が深刻だったバタンガス港改良、第Ｉ期に伴う環境問題で頓挫していたカラカ石炭火力第Ⅱ期、ラグーナ湖を水源とする上水供給、カビテ工業団地拡張等である。

このような状況に対してフィリピン政府側には、JICAによるマスタープラン作成によってこれらの案件を再形成し正当化して、日本をはじめとする外国投資を呼び込むきっかけとしようとの思惑があったことは想像に難くない。地元住民が日本の支援による問題プロジェクトの実施推進と捉えて警戒したのも無理はない。フィリピンの有力なNGOである「民衆政権のための連帯」(SPP)のリーダーであったアリステデス・サルミエント氏は「これは形を変えた2度目の日本の侵略だ」と私に訴えた。

JICA調査による再形成

「この案件はこのままでは動かない」というのが現地に乗り込んでしばらくして私が感じたことである。「このままでは」というのは意味があり、JICA調査団が現地に乗り込んだとき実はDTIが作成した「マスタープラン」の宣伝文書がすでにあったのである。そこには問題インフラ・プロジェクトがずらりと掲げられていた。JICAによる計画作りは、このような大規模インフラ整備による工業化をテコとする地域開発を、地元住民に裨益する本来の地域開発に作り変える作業だったといえる。

地元住民側に立つＮＧＯの疑惑の視線のなかで計画作りが進められ、調査団とＮＧＯとの交流が深まりＪＩＣＡが疑念を抱く状況もあった。調査団はＪＩＣＡの指示書に反したわけではないが、指示書には示されていない会合を数多く開き、情報を開示して議論をしつつ計画作りを行った。当時としては高い水準での参加型計画を先んじて実践したと私は自負している。

10日間にわたるワークショップの実施

このような開発コンサルタントのいわば自主的な努力を、ＪＩＣＡは後追いで支援したのである。これには当時本件の担当者であったＪＩＣＡ社会開発調査部の黒柳俊之氏（現経済基盤開発部長）によるところが大きい。特にマスタープラン案が策定されてから、ＪＩＣＡの支援によってフィリピン側の政府関連機関のみならずＮＧＯや農民・漁民組合の代表等も招いてワークショップを実施することとなった。対象5州につき各州2日間、計10日間にわたってワークショップが開かれた。民間代表の本音を聞くためあえて政府関連機関と民間代表とに分けて、州ごとにそれぞれ1日間をあてマスタープラン案の提案内容を説明し議論を行った。

ＤＴＩの本件最高責任者であるアルカンタラ次官は、すべてのセッションで新しいマスタープランの意義を訴えた。その象徴的表現として、次官は「工業化といっても、何も地域全体をセメントで固めようというわけではない」という言い方をしていたと記憶する。

ＳＰＰのサルミエント氏は、ワークショップの総括セッションで「このような内容ならば我々はカラバルソンを支持する」との勇気ある発言をした。またこのワークショップ全体を仕切ったラモンマグサイサイ財団の議長は、最後の政府関係機関による会合で「このマスタープランは我々がこれまでに見たどの報告書より優れている。我々はこれを無駄にすべきではない」と述べたのである。

カラバルソンのその後

さてカラバルソンは、実質的に住民参加を開発計画に反映した日本のＯＤＡ最初の事例である。計画の内容は経済開発だけでなく開発の社会面、環境面にも配慮したバランスの取れたものとなっている（木村、１９９８年）。しかしながら、もともとのＤＴＩによるカラバルソン・プロジェクトのイメージは強く、計画作成中はもとよりＪＩＣＡによる技術協力の完了後も根強い反対運動が続いた。

ＪＩＣＡの支援によって作成されたマスタープランには住民が反対していた大規模インフラ・プロジェクトも入っているが、実施上の条件付けがされている。その条件が満たされるとの前提で実施を勧告していたわけである。条件が満たされるかどうかには判断が伴う。たとえばバタンガス港の改良の場合は住民移転に関わる条件付けがある。結果的には、住民移転計画を提示してその条件を満たしたと判断した政府によって１９９４年６月強制立ち退きが実施され、流血の事態を招いた（藤林・長瀬、２００２年）。

開発プロジェクトの実施に非自発的な住民移転が伴う場合、ＪＩＣＡの新しい環境社会配慮ガイドラインでは、移転によってただ１人の住民も不利益をこうむらないように移転先での計画を作成するのが原則となっている。これは国際的に受け入れられている基準である。当時はそこまで明確な基準は確立していなかったが、バタンガス港改良プロジェクト実施の条件付けとした。カラバルソン地域開発では、メトロマニラからの波及効果を利用して近隣のカビテ州やラグーナ州を開発するのではなく、バランスの取れた開発のために開発を一気に南部のバタンガス州まで飛ばすリープフロッグ（蛙飛び）戦略を打ち出していたので、バタンガス港の改良は不可欠と判断した。

計画作りに技術協力をしたとしても、その実施は当然のことながら相手国政府に委ねられる。計画に含まれる提案の一部だけを取り上げて実施し、環境や社会面に対する緩和策には手がつけられないということはありうることである。計画策定を通じて地元住民の参加意識を高め、政府との関係を改善し、できればより良い関係のための制度化をする、そこまで実現して初めて作成した計画に対するアカウンタビリティが確保されるのではないだろうか。しかしこのような認識に至るのは、私自身もう少し事例を積み重ねてからであった。

2. 中部ルソン開発プロジェクト

中部ルソンの開始と混乱

カラバルソンの経験を踏まえて実施された中部ルソン開発計画調査では、すでに述べたようにフィリピンのNGOが計画作りの初期から参加すべく、NGOと協力して簡易社会調査を実施することがJICAによって指示された。ただし当初から2つの問題があった。1つは協力すべきNGOがJICAによって指定されていたことである。もう1つは現状調査段階でのNGOとの協力のみが意図されていたことである。このため現地調査は冒頭からNGOともめた。

NGOは、現状分析のみに利用され、「住民の意見は聞いた」との理由付けをされて計画そのものはJICAが政府機関とともに策定することになることを警戒したわけである。つまりNGOが簡易社会調査を実施したことを免罪符として政府主導で勝手に計画を作られ、NGOが協力して策定した計画であるといわれては困るということである。計画作り全体に参加させてもらえるのでなければ簡易社会調査に協力しないというのが、JICA指定のNGOであるフィリピン農村再興運動（PRRM）の言い分だった。

当時JICAは厳格な単年度主義を採っており、複数年次にわたる開発調査も契約は1年次ごとに行う。簡易社会調査の実施は第1年次に予算手当てがされているが、計画段階にNGOと協力するための予算手当ての見通しはないのである。しかしそれでは調査どころか話も進まない。JICAに対して新しい提案をして次年度の追加予算を確保することとし簡易社会調査を実施してもらうことにしたが、私は最悪の場合、会社の自己負担で対応するしかないと思っていた。JICAの指示書に無いことを提案して追加予算を確保することは、当時ほとんど不可能と思われていたのである。

NGOとの協力方法

さて、ここで参加型計画におけるNGOとの協力方法について論じておきたい（橋本、

1994年)。簡易社会調査やその結果に基づく計画作りにおいてNGOと協力する際、以下の諸点に留意する必要がある。

(1) 計画作りの全過程を通じての協力を求める。

(2) 実績のある複数のNGOをバランスよく配してNGOコンソーシアム(連合)を形成して、より幅広い住民利益が代表される形として協力を求める。

(3) NGOコンソーシアムが地域住民に対してアカウンタビリティを確保できる体制を支援する。

(4) 協力の仕方についてはNGOの主体性を最大限尊重する。

(5) 政府実施機関や関連機関等のトップダウン計画に関わる主体との協議の場を確保する。

上記(1)の点は、右に述べたように現状調査のみに利用され「一応話は聞いた」という形にされることをNGOは許容しないということである。(2)につき理想は、計画作りへの協力を前広に呼びかけ応じたNGOによってコンソーシアムを形成し、その互選によって代表(リードNGO)も決めてもらうのが良い。

それでもNGOコンソーシアムが地域住民の利害を完全に代表するとはいえない。そこで(3)のように、メンバーNGOが必要に応じてそれぞれ担当する地域住民に課題をもち帰って議論してその意見の反映を確かなものにする必要がある。そのためのコミュニティ・ワークショップ実施を支援することまで参加型計画の支援に含めることが望ましい。これが本来の意味でのアカウンタビリティの確保である。アカウンタビリティを「説明責任」と訳すのは大変うまい訳だと思うが、その意味には微妙な違いがある。

（4）の点に関して、まず調査に協力することが調査を主導する機関等の考えに与することを意味するものではないと認識することである。その上でNGOのやり方を基本的に尊重することによって、NGOが蓄積してきた経験やデータを最大限引き出すよう図るのが良い。さらにNGO活動の成果に関わる知的所有権についても確認しておいた方が良い。NGOが協力して実施した社会調査等の結果を別の目的に使うことを許容すべきかどうかである。

（5）につき、現実的には現地調査期間中はJICA調査団が政府実施機関とNGOコンソーシアムとの間に立つことになる。しかしながらJICA調査団はいずれ去る身であるから、協議の場を制度化する方向で支援するのが望ましいだろう。後で述べるように、ここまで実現したのが中部ルソン開発計画調査である。

ＮＧＯの種類と協力体制

以上のような認識は、私自身多くの事例を通じてもつに至ったものである。なかでも中部ルソン開発計画におけるＪＩＣＡ指定のＮＧＯとの協力を通じて学んだものが多い。ＮＧＯには開発志向型、政策提案型、慈善型等の類型があるが、ＪＩＣＡ指定のＰＲＲＭは左翼的な政策提言（policy advocacy）型のＮＧＯであった。ＰＲＲＭは力のあるＮＧＯであり調査・計画作業の協力においては有用であったが、その政策スタンスは当然のことながら変えないため不都合も生じた。特に2～3の問題プロジェクトについて絶対反対の立場を崩さず、現実的な妥協案を形成する上で障害となった。

地域住民のさまざまな利害を的確に捉えるため、ＰＲＲＭを説得してそのもとで複数のＮＧＯが協力する体制を組んでもらったが、調査の途中でこのＮＧＯコンソーシアムのなかで不協和音が生じ住民に対する責任体制は充分に確保されないきらいもあった。開発志向型のＮＧＯからは、ＰＲＲＭのために自分たちの考えがＮＧＯの提案に的確に反映されていないとの不満が出た。

中部ルソンの開発パラダイム

さてこのようなNGOコンソーシアムとの協力を通じての参加型計画作りによって、開発調査にどのような違いが生じたのだろうか。それは計画内容と計画作りおよび実施の体制の双方にみることができる。まず計画内容では、フィリピン政府の経済成長路線を踏まえつつも環境・社会面に配慮した開発パラダイムを提示した。この新しい開発パラダイムを表現するために、グローバライゼーションとローカライゼーションとを合わせたグローカライゼーションという造語を用いた。その中身はおおむね以下のようなものである。

ローカライゼーション戦略とは、住民・コミュニティ主導の開発を進め、住民が受益者となり地域資源の容量を超えない開発を実現することを目指す。グローバライゼーション戦略は、ボーダレス化と競争激化が顕著な世界経済において地域経済の競争力強化を図るものである。これらを合わせるグローカライゼーションとは、地元住民・コミュニティが開発資源の利用・管理の主体となりながら、地域の資源・環境容量を超えない範囲で最大の経済成長を目指す開発戦略である。

このような提案を最初にしたのは1994年のことである。世銀は1999／2000年の「世界開発報告」で「21世紀を迎えるに当たって」とのテーマのもとグローバライゼーションとローカライゼーションの統合を謳った。グローバライゼーションのさまざまな局面を論じると共に、地方において併行して起こりつつある補完的な変化を分析している。その変化とは地方分権の動きおよび効率的で快適な生活のための地方都市の活性化である。このような見方は中部ルソンで打ち出したグローカライゼーションとは少しニュアンスが異なるが、この造語を打ち出した今は亡き真野順博氏（地域経営研究所所長）の先見に敬意を表したい。

中部ルソンの将来像

中部ルソン開発パラダイムの追求がもたらす将来の具体的な姿を示すことは、計画実現のために重要なことである。それが魅力的であることが計画実現の推進力となる。開発計画で示すプロジェクトを実施することが魅力的な将来像の実現に向けての一歩となると住民や行政官が思えること、これが開発計画の成功の鍵だと私は思っている。

中部ルソンでは次のような将来像を描いている。

（1）住民・コミュニティ主導型開発の世界的リーダー。
（2）環境教育の世界的センター。
（3）リサイクル型農村活動、多様性保全型有機農業のモデル地域。

（4）多様な業種によるフィリピンの中核工業地域。
（5）ファッションおよびインテリアデザイン関連産業の世界センター。
（6）自由港、自由空港をもつ東南アジア諸国への中継加工基地。
（7）フィリピン人とさまざまな国の人々とが国際会議、観光および各種サービスを通じて幅広く交流するコミュニケーションセンター。

フィリピンは当時すでに社会開発先進国だと私は思っていたので、上記（1）はごく自然な将来像である。この面で私はフィリピン社会、フィリピン人から実に多くのことを学ばせていただいた。次にご紹介するダバオ案件も含めて、フィリピンでのプロジェクト経験は私の開発コンサルティング業務に本質的な影響を与えている。相手方の特徴を前向きに捉え良さを踏まえて、それを敷衍する形で将来像を描くことは大切なことだと私は思う。

計画・実施体制

次に、計画作りおよび実施体制における違いを説明しよう。NGOコンソーシアムとの共同のため調査団は随時協議を行うと共に、重要課題につき協議・解決するためにNGOフォーラムという機関を設置した。もちろんこれは本調査だけのために設けた非公式の機関である。NGOフォーラムは共同による計画作りの場として機能したと思うが、リードNGOであるPRRMは次第に調査団を介しての計画への間接的な関与に不満を示すようになった。このため課題によっては、関連する政府機関の代表を招いてNGO／GOフォーラムとすることも試みた。

一方フィリピンには、地域ごとに開発を論じ決定する最高機関として地域開発評議会（RDC）が存在する。世界的に地方分権が謳われながら実体がなかなか伴わないのに対して、RDCがそれなりに機能していることもフィリピンが社会開発先進国であるゆえんである。中部ルソンは第Ⅲ管区に属し、そこのRDCには政府機関と共にPRRMのほか2つのNGOがメンバーとして参加していた。その会合で本調査が議題となり、NGO代表から次の提案がなされた。

（1）RDCⅢへのNGOの代表権を拡大すること。
（2）本調査によるマスタープラン作りを監視する独立の機関を設置すること。
（3）RDCⅢのメンバーであるNGOが他のNGOに対して責任を取れる体制を作ること。

RDCⅢはDTIと共に本調査の提案機関であったので、上記（2）に調査団としては賛成できなかった。結局のところNGOコンソーシアムを通じて住民と政府機関との対話を促進すること、NGOフォーラムによって（2）に対応することが現実的と判断されたわけである。（3）は、右に述べた地元住民に対するアカウンタビリティ確保に相当する。これについてもNGOコンソーシアムの業務範囲として、調査団としてできる範囲内で支援することとした。

マスタープラン採択とNGO代表権の拡大

政府側の関係機関だけでなくNGOコンソーシアムと共同して参加型を反映して計画を策定した結果として、調査実施中にRDCⅢにおいてマスタープランを正式に採択する手順が決議された。これにはやはりPRRMの力によるところが大きかったと思う。またRDCⅢにおけるNGOの代表権を拡大することも議決され、この代表権を本調査で共同したNGOも含めてNGO間の互選によって決定するという成果が得られた。

前節でNGOとの協力方法について述べたことのうち第（5）項を実践できたのみならず、それを通じて政府実施機関と住民代表としてのNGOとの対話の場を強化することにも貢献できたわけである。ただしNGO互選による代表選定は私の期待に反して開発志向型NGOの参加拡大ではなく、PRRMに近いNGOの参加が決まる結果となった。

社会開発プロジェクトの実施状況

中部ルソン開発計画調査につき、JICAは2回にわたって事後評価をしている。最初の評価は、次に述べるダバオ地域開発への教訓を得る目的で実施された。中部ルソンは社会・環境面を重視した開発パラダイムを提示したことに特徴があるので、提案した社会開発プログラムの実施状況につき1997年から98年にかけて現地コンサルタントを雇用してレビューしている。対象となったのは5件の特別プログラム、9件のコミュニティ主導型プロジェクト、14件の社会サービスプロジェクトである。

対象となった計28件の社会開発プロジェクト・プログラムのうち、地域内全州での実施が計画されたのが14件、地域全体のために計画された単独案件が3件、特定州のみを対象とするものが9件、2～3の州で実施されるものと計画されたものが2件であったが、1997年12月時点でこれらのうち18件は少なくとも1州で実施されていた。各案件の実施は、州政府、NGO等の個別の努力によるところが大きいと判断された。この間、開発調査をフォローするJICAによる支援はまったく行われていない。

計画作りへの幅広い参加を通じて関係者の開発機運を高めたことが、主体的な努力による実施を推進したと考えられ、これ自体JICA調査の成果といえる。他方、地域全体として、中部ルソン開発プロジェクト全体として系統的なフォローアップがなされなかったため、実施が州ごとの単発にとどまり全州に及ばなかったきらいがある。開発計画では組織・制度面の方策も提案しているが、計画作りでの限られた組織強化を継続・推進し、さらに制度面の改善へと結びつけるフォローアップが必要だったといえるだろう。これは第6章で述べる、個人から組織、制度にいたる能力向上（CD）の課題である。

JICAによる包括的評価

JICAは実施済みの案件を選んでさまざまな形の事後評価を実施しているが、2003年の1月から3月にかけて開発コンサルタントに委託して6件の事後評価を実施した。これは4件の地域総合開発計画調査と東チモールの2件の緊急復興支援調査を合わせて評価したもので、前者にはカラバルソンと共に中部ルソンが入っている。

JICAは評価5項目、すなわち妥当性、有効性、インパクト、効率性、自立発展性を採用しているが、地域総合開発のような多くのプロジェクト・プログラムを含む複合案件については個別案件をかなり把握しないと適切な評価ができないかもしれない。このときの評価では、短い現地調査で優先プロジェクトは28件中25件、その他の提案プロジェクトも半数以上59件の動向を確認している。マスタープランの最終報告書が提出されてから7年半を経過していることを考えると、これは驚くべきことである。実際、本調査のカウンターパート機関であったDTI第Ⅲ管区では、マスタープラン報告書をまさにぼろぼろになるほど活用していると報告されている。

中部ルソンについては、評価5項目のうちインパクトを最も高く評価している。JICA調査では、地域内の主要都市を結ぶ新しい幹線道路（レインボーハイウェイと名づけた）を提案して地域を中心とする物流をマニラ志向のものから輸出志向へと根本的に変換する提案をしている。この提案をフィリピン側でさらに発展させ、W字型成長回廊を打ち出し効果的な開発の推進を図っているのが確認されている。結論として「マスタープランが広くフィリピン側関係機関に自らのものと捉えられ、またDTI地域局および各州政府を中心として関係機関の幅広い参加によって高い当事者意識のもとプロジェクト実施を推進する体制が取られるようになった」ことを最大の成果と評価している。

フィリピン農村再興運動による評価

フィリピン農村再興運動（PRRM）のマネジャーであったリサ・ダカナイ女史は、中部ルソン開発パラダイムを、当時ラモス政権が打ち出していた新興工業国を目指すフィリピン2000モデルに代わるものであり、社会・環境面に経済面と同様の配慮をするものと的確に理解したうえで冷静な評価をしている。まず調査の進捗に応じて、NGOコンソーシアムの提案が報告書に反映される程度が着実に高まってきたことを前向きに評価している。特に流域保全やマニラ湾および湾岸の資源管理等の環境案件、農地改革受益者や中小企業のための生計支援等の社会開発案件が基幹プログラムに格上げされたことを高く評価している。

その上で中部ルソン開発パラダイムがジェンダーと開発、先住民の人権、地域防災の面で弱いことを指摘している。その後NGOコンソーシアムは、これらの面につき具体的な提案を提出し、調査団と共同で案件が形成されマスタープランに特別プログラムとして組み込まれることとなった。全体として中部ルソン開発計画は、フィリピン2000に対するNGOの批判に応えてラモス政権が急遽打ち出した社会改革アジェンダの地域版といえると結論付けている。

私にとっての中部ルソン

先に述べたようにカラバルソンから中部ルソンに至る経験を通じて、フィリピンは社会開発先進国だと私は思うようになった。これは私の開発についての考え方がフィリピンでの経験、特に多くのフィリピン人との交流を通じて変化（深化）したということである。中部ルソン開発マスタープランで新しい開発パラダイムを提案したのはその反映といってよい。

ＰＲＲＭの副代表であったイサガニ（ガニ）・セラーノ氏の論文からは多くを学ばせてもらい、またそれに基づいて議論もした。氏は新興工業国を反面教師として経済成長優先政策を批判し、民主化の推進の要は社会費用を負担しつつ成長を図ることだと論じていた。リサ・ダカナイ女史とは本当によく議論を戦わせた。社会主義的政策提言を旨とするＰＲＲＭの姿勢はまったく変えない女史との議論には限界もあったが、誠意をもって議論をした。女史は中部ルソン後、マニラにあるアジア経営大学で再勉強を始めた。私にとっても、中部ルソンは開発コンサルティング人生の大きな変換点である。

3. ダバオ地域総合開発

参加型計画の到達点

中部ルソン開発計画調査が完了して2年余り経過した１９９７年9月から１９９９年3月にかけて、ダバオ地域総合開発計画調査が実施された。私にとってフィリピンで3件目の地域開発調査であるが、この間私個人の立場は変わっていた。1995年3月に12年間勤めた日本工営を退職して、6月にレックス・インターナショナルを設立していた。

レックスとして初めての地域開発調査はスリランカ南部地域開発調査であったが、そのときはまだ日本工営の総括責任者としての参加だった。新しい会社を設立すると、2年次分の決算を終えないとJICAに登録して独自に応札をすることができないのである。信用で成り立つ職業であるから当然のことである。ダバオもJICA登録の承認が間に合わず、パシフィックコンサルタンツ・インターナショナルの前迪取締役（当時）に総括をお願いしてその下につかせてもらった。

フィリピンでの前2件のJICA地域開発案件の経験を活かして、参加型をさらに徹底して計画作りを行った。広域を対象とする開発計画作りでも意味のある参加型計画が実施できることを証明することができたと思っている。

幅広く参加型を反映するためにさまざまな形の会合をもった。まず対象地域を構成する1市4州（後に3市5州）につき、調査段階ごとにそれぞれワークショップを繰り返した。またNGOを活用してコミュニティ・ワークショップを重ねた。調査団が政府カウンターパート機関と共にトップダウンで形成した案件とコミュニティ・ワークショップを通じてボトムアップで形成した案件とを、市あるいは州ごとのワークショップですり合わせるというアプローチを取った。

そのほか保健・教育分野等については別途フォーカスグループによる討議を行い、また官民の参加者を合わせてセクター別の協議も行った。政府機関との公式の協議や全体セミナーも含めると、現地作業期間正味で約12カ月、私の現地作業10カ月ほどの間に約１８０回の会合を開催したことになる。私の経験したＪＩＣＡ案件のなかでも最も多くの会合を開いた案件である。

ダバオ地域の特殊性

さて、ここで対象となったダバオ地域について概要を説明しておきたい。ダバオの位置するミンダナオ島はフィリピンでルソン島に次ぐ大きな島であるが後進地域であり、フィリピンの１人当たり国内総生産が１９９５年に１１、４３４ペソ（１９８５年価格）であったのに対してミンダナオの域内総生産は１人当たり９、１０６ペソ（80％弱）であった。貧困所帯の割合は、１９９４年にフィリピンで35・5％、ミンダナオでは55・2％であった。

ミンダナオに居住している人々につき、現代史のなかでおおむね次のような変化の方向性を認めることができる。すなわち、主としてアメリカ資本と結びついたキリスト教フィリピン人が国家統合を目指す政府の支援のもとで勢力を拡大してきたこと、これに対してイスラム教徒が抵抗を続けてきたこと、その抗争の間で先住民族が社会的地位を低下させてきたこと、である。

ミンダナオ島はこのような政治・社会構造のなかにあったからこそ、中央政府による直接的な支援策がとられにくかった。そのことがアメリカ資本を主体とする多国籍企業による経済の支配が継続することにつながり、高い資源ポテンシャルにもかかわらず後進地域にとどまってきたのではないだろうか。

ダバオ地域と日本との関わり

ダバオ地域は現代史のなかで日本と３つの大きな結びつきがあった。第１は、日本人の入植とマニラ麻（アバカという）の栽培である。１９０３年に鹿児島の須田良輔氏が農業移民30名と共にダバオに定住し始めた。１９０５年にマニラから北のバギオに通じるベンゲット道路の工事に従事した労働者（主として沖縄人）が入植したのをきっかけとして日本人人口は急増を始め、１９３５年には１４、０００人に達した。終戦と共に日本人は財産を没収されて日本へ強制送還となったが、二世たちの多くは対日感情の厳しいなか山中に隠れ住んだという（鶴見良行『バナナと日本人』岩波新書）。

第2は、1970年代を中心とするラワン材輸出による関わりである。『炎熱商人』（深田祐介）の舞台となっているラワン材の生産地はミンダナオ東部である。本件での現地調査中にあちこちの小さな港でラワン材の積み出しが行われていたことを知らされ、その広範な影響を想って感慨を禁じえなかった。

ダバオと日本との第3の関わりは、いわずと知れたバナナである。日本市場向けバナナの栽培は1960年代に開始され、瞬く間に台湾や中南米のバナナを追い越し、占有率は1970年の6・5％から1980年には91％となった（前掲書）。

開発の政治的側面

本調査においても、カラバルソンで述べた開発の政治的側面に配慮せざるを得ない状況に直面した。そもそもミンダナオは、キリスト教徒が大部分を占めるフィリピンにあってイスラム教徒が大半を占めるという意味で特殊である。特に西部地域においては依然としてイスラム系武装勢力が政府軍と抗争を続けている。ダバオ周辺はキリスト教徒が多いとはいえ、ミンダナオ島で開発協力をするということはその政治的背景を抜きにしては考えられない。少なくとも政治的背景があるとみられても仕方がない。

特に9／11の同時多発テロ以降は、ミンダナオのイスラム系武装勢力対策の一環としてミンダナオ支援が捉えられているといってよい。アメリカの軍事支援との関係はさておいても、テロの根源とされる貧困を削減することが日本のODAにおいても意識されている。ダバオ地域開発の実施当時はそこまでの意識はなかったと思うが、政治的状況は基本的に同じであった。

アメリカのミンダナオ戦略

アメリカがフィリピンとの関係においてミンダナオを特別に重視してきたことは疑いがない。私はそういうことに考えをめぐらせていたので、アメリカがフィリピン政府軍支援に加えてミンダナオ島の農業開発を支援すると聞いたとき、きっとゲリラ対策だろうと思った。朝鮮半島の37度線のように地雷をびっしり埋めるわけにもいかないので、ゲリラが忍び寄るのを防ぐには開発するに如くは無い。これは邪推であろうが、ミンダナオは農業生産性の極めて高い広大な土地であるので、将来の食糧危機に備えて手を打っておきたいと考えても不思議はない。

ダバオ地域開発の対象地には、ダバオ市に次ぐ主要都市としてジェネラルサントス市がある。この市の主要インフラはアメリカの援助で整備されたものである。ジェネラルサントス空港は小さな地方空港であるが、ダバオ空港にも無い荷物搬出用のベルトコンベアがあることが住民の自慢になっている。それ以上に現在の需要に見合わない立派な滑走路をもっている。また周辺の幹線道路は高規格の直線道路である。いうまでもなく、これらは有事に軍事用に転用されるわけである。

しかしその意図が何であれ整備されたインフラは地元住民と産業の役に立つ。政治的援助がけしからんといっても始まらず、そのような現実も踏まえて地域のためになる案件を形成・推進すれば良いことであると私は思っている。政治的意図を利用するしたたかさも必要である。少なくとも開発の政治的側面に対して無知であるよりはずっと良い。

オレンジ業者のロビー活動

地域開発調査をするとき、私は初期において開発診断と称する分析を行う。地域を構成する行政単位ごとに現状をバランスよく把握し、最も厳しい制約条件を認定した上で今後の開発の方向性を打ち出すのである。初期であるから今後の方向性は作業仮説の域を出ないが、そのような仮説を設定することが調査の実施効率を高める。良い作業仮説を設定できること、それを実質的な提案に練り上げることができることは、開発コンサルタントの重要な能力である。

ダバオ地域の東部に視察に行ったとき、ここはかんきつ類の栽培に向いていると私は直感した。同行していた農業専門家に聞きただすと同意見であり、これは良い作業仮説ができそうだと私は思った。しかし、そこではたと考えた。専門家もすぐに同意するほど向いているならば、なぜかんきつ類が栽培されていないのか、である。私はすぐに直感した。アメリカである。

当時アメリカは国際援助庁（USAID）によって「ミンダナオの公正を伴う成長」（GEM）プロジェクトを実施中であり、ダバオにプロジェクト事務所をもっていた。私は自分の「仮説」を早速そこの若いアメリカ人に質すことにした。彼は即座に「それはダメだ。カリフォルニアのオレンジ業者のロビー活動で、アメリカ政府がフィリピン政府にミンダナオのかんきつ類栽培をネガティブリスト（投資を奨励しない経済活動のリスト）に乗せさせている。」とさらりと言ってのけたのである。

最後のワークショップ

参加型計画の総仕上げとして最後のワークショップを企画した際、〝Who will do WHAT NEXT?〟というテーマをかかげた。「マスタープランはできたけれど、これからどうする」という問いかけをしたわけである。マスタープランは実質的に出来上がっていたので実施志向の議論をしてもらいたいと思った。

参加者は4つの分科会、すなわち経済開発、社会開発、環境開発、インフラ開発に分かれて議論してもらった。協力してたくさんのプロジェクト・プログラムを形成していたが、私の問いかけは次のようなものだった。

「提案しているプロジェクトのなかから、中央政府や援助機関に依存するのではなく地元の力ですぐに実施するとして3つの案件を選んでください。選んだ案件について実施のために何をしなければならないか、やるべきことを数え上げてください。やるべきこと各々について誰が責任をもつかを決めてください。」

プロジェクトの優先順位付け

この問いかけに対して、各分科会は提案プロジェクトをすぐに実施できるかどうかの観点から採点した。上位3案件について実施の手順と責任分担が決められた。実は分科会によっては議論が紛糾して、選んだ案件のうち2件しか具体的な提案がまとめられなかった。それだけ現実的な議論をしたともいえる。

私は分科会による採点や順位付けを面白いと思い、本来の目的ではなかったが分科会ごとの評価を足し上げてみるという乱暴なことをやってみた。結果は図表3に示すとおりである。この結果は示唆的である。まず地元だけですぐにできることがものの見事に上位に並び、政府の主導がなければなかなか実施できない案件や中長期的に実施すべき案件が下位に並んでいる。さらに面白いことは、各分科会による評価の結果が優先順位において近似していることである。

通常は、社会開発関連機関やNGOはコミュニティ開発型の地道な案件を優先するが、インフラ整備関連の実施機関や大企業の代表は大規模インフラ案件に1票を投じがちである。各分科会の評価結果が近似しているのは、参加者が地域開発という共通の視点をもっていたからではないだろうか。1年半に及ぶ協力を通じてダバオ地域開発について共通の認識をもつようになったのだと私は思っている。そして広い地域を対象とするマルチセクター計画調査でも意味のある参加型計画は可能であると信じている。

図表3　ワークショップによるプロジェクト・プログラム優先順位付け

順位	番号*	プロジェクト	インフラ開発	経済開発	社会開発	環境開発
1	EN-10	流域総合管理	2	1	3	1
1	EC-1	小規模灌漑開発	1	3	2	5
3	SO-1	貧困削減・コミュニティ変革	3	2	4	3
4	GO- 1	MBN参加型計画制度確立**	4	4	1	4
5	IN-1	地域間道路改良	6	6	6	2
6	EN-1	地方政府環境管理能力向上	9	5	11	6
7	SO-21	医療システム改善	5	11	7	7
8	IN-8	ダバオ国際空港建設	8	8	9	8
9	IN-15	農村電化・再生可能エネルギー開発	14	9	8	9
10	EC-14	漁民生計向上	19	7	5	11
11	SO-22	保健ファイナンス	11	12	10	10
12	EN-15	ダバオ市廃棄物総合管理システム	7	10	20	15
13	IN-27	農工センター支援インフラ	10	15	14	14
14	EN-11	畑作モデル村落確立	17	14	17	16
15	IN-18	小規模貯水池拡大	18	16	22	12
16	EN-12	ダバオ湾総合管理	21	14	21	19
17	SO-19	地域技能訓練センター	15	20	19	18
18	IN-5	特定目的道路改善	13	17	24	13
19	IN-6	ダバオ港建設	12	22	18	22
20	SO-6	原住民教育特別プログラム	20	24	12	20
21	EC-2	農地改革対象商業農場支援	16	19	23	21
22	EN-8	森林総合管理	22	21	16	17
23	EC-24	中小企業団地建設	26	18	15	23
24	SO-10	共用試験場設置	23	23	13	24
25	EC-3	アバカ産業再興	25	25	27	26
26	EC-22	BIMP-EAGA建設材料交易センター★	24	27	25	25
27	EC-29	BIMP-EAGA連携研究開発	27	26	26	27
参加者の数			44	75	61	37

*　：EN＝環境，EC＝経済，SO＝社会，IN＝インフラ，GO＝行政
**：最小基本ニーズ
★　：ブルネイ・インドネシア・マレーシア・フィリピン東部アジア成長地域協力プログラム

アバカ産業再興プロジェクト

プロジェクトリストにあるように、かつてのアバカ産業を再興したいと私は考え案件形成をした。ワークショップでは低い優先順位となったが、もとよりこの案件は民間ベースで推進するつもりだった。というより私自身が実践したいと考えていた。そのきっかけはアバカ繊維による手工芸品との出会いである。

特にミンダナオの先住民族であるティボリ族はアバカ繊維を天然染色して織り上げたティナラック布という伝統的織物をもっている。これを用いてさまざまな日用品や装飾品を作っているが、なかでもバッグ類には色合い、デザイン合わせて大変洗練度の高いものがある。私は手始めにこの輸入販売をしてみることにした。今でこそNGO等によるいわゆるフェアトレード、オルターナティブトレードと呼ばれる直販が盛んでベトナムや中国の小物が若い人を中心に人気を集めているが、当時はほとんどそのような仕組みはなかった。

ティナラック布を選びデザインを示して小さなバッグ（ディスコバッグと呼んだ）を500個作ってもらい、試験販売と称して身内や友人に売りつけたが、おおむね好評だった。小さな首かけのバッグであるから、1つ一機能として若い女性が違う色合いのものを3つも4つも首から掛けて歩き回るファッションを夢見ていた。下北沢で委託販売してくれる店を探したが残念ながら見つけるに至らなかった。本業の片手間ではとても実現できることではなかったと思っているが、その後のオルターナティブトレードの繁盛をみて非常に残念に思っている。

ちなみにその後の企業化のため現地の協力者も本業の合間に探していた。アバカの栽培については、地元の有力者であるヘスス・アヤラ氏が数百ヘクタールの土地を提供するといってくれた。公費でODA業務に携わりながら個人的な事業の準備もしていたわけだが、要はいかに地場産業を振興するかであり、私は自分の行動に矛盾を感じていなかった。

アバカ産業の可能性

私は今でもダバオ地域でのアバカ産業の可能性を信じている。アバカは天然で一番強い繊維であるが、化学繊維の出現でほとんど無用となってしまった。アバカ産業はいわゆるサンセット（衰退）産業であるが、天然繊維の見直しによってサンライズ産業になりうると思っている。少し大げさに言うならば21世紀の素材産業といえるかもしれない。それはアバカ繊維が強いだけでなく多様性があり人や環境に優しい製品を生み出すことができるからである。

アバカはバナナと同じバショウ科であり、処理の仕方次第で繊維として布としてまた紙として幅広く利用する可能性がある。日本でも芭蕉布という伝統製品がある。和紙や麻の真田紐にも活かすことができる。

アバカ繊維は一般にはあまり知られてはいないが、現在でも意外と使われている。その強さと処理しやすさを利用して化粧用油取紙、掃除機の中袋、ティーバッグ、塵芥用袋、ハムを包むケーシング等の特殊用途紙に広く使われている。日本で一番広く使われているのは紙幣だそうである。日本の紙幣の質は世界一高いと思うが、回収の頻度も高いようだ。回収された紙幣は切手に生まれ変わると聞いている。我々は日常的にアバカ製品に接しているわけである。

かつてアバカ繊維は船の繋留ロープに広く用いられていた。団塊の世代ならば、子供のころの記憶を辿って「お母さんの買い物籠」を思い出せばアバカの感触をつかむことができる。現在はエクアドルがアバカの主な産地であるが、古い繋留ロープも回収して再利用されていると聞く。

もう1つの可能性として、アバカは和紙アートの素材としても好適なのではないかと私は思っている。日本の和紙技術とフィリピンの芸術的センスとを組み合わせてアバカ・アートの日比交流ができればすばらしいと思う。日本人とフィリピン人とが協力して人や環境に優しいアートそして文化を世界に発信するのは、これからの時代に意味のあることだと思う。

ダバオ地域開発のその後

ダバオ地域開発のマスタープランを示す最終報告書は1999年3月に提出された。その実施を推進するために、現地作業の終盤から私はそのフォローアップの仕方をあれこれ考えていた。1つには、JICAに対して不特定包括契約（IQC）のようなものでフォローアップできないかと訊ねた。これは第2章3節に述べたように協力の大きな枠組みと予算および目的だけはっきりさせておき、具体的な業務は現地の事情に応じて相手国機関と協議しつつ決めて実施していくもので、私がかねてからJICAに導入してもらいたいと提案していたものである。結論としては、この提案は時期尚早だったようだ。

一方、民間によるフォローアップのための働きかけも始めていた。その準備として本調査の最後のセミナーをマニラで実施した際、日本企業の方々にも声をかけ2件の運輸インフラ案件につき特別の協力が必要と強調した。これは、ダバオ市の新都市交通システムとダバオ市を観光ポテンシャルの高いサマール島と結ぶ橋である。当時フィリピンとインドネシア、マレーシア、ブルネイを結ぶ東部アジア成長地域（ＢＩＭＰ―ＥＡＧＡ）につき、広域協力の機運が高まっていた。ＢＩＭＰ―ＥＡＧＡ日本側企業連合の事務局長をしていた伊東祐明氏と連携して日本企業に協力を依頼した。

当時、日本の技術を活かすインフラ案件に対して特別円借款を供与して実施するため、候補案件を通産省が募集しており、これを活用しようと考えた。大成建設より支援をいただきダバオ・サマール架橋プロジェクトを推進すべく、まず前提となるサマール島の観光を中心とする開発計画を立案し、それを踏まえて架橋プロジェクトの予備フィージビリティ調査を行った。結果に基づいて通産省に応募して前向きの返答を得た。

残念ながらこの案件は取り上げられず、架橋プロジェクトは実現していない。最終的には治安問題が引っかかってしまった。ミンダナオ島のなかではダバオ周辺は比較的治安が良いのだが、当時爆弾事件が続いたのは事実である。その後、私が現地を訪れる機会は得られていない。マスタープランを作成しているとき、ミンダナオ島、特にダバオ地域はこれからも協力していく価値のある地域だと確信していた。実際、「一生関わっていくつもりである」とカウンターパート機関の人たちに言っていたのである。治安悪化のためとはいえ、一度逃したチャンスはなかなかめぐっては来ない。私の心に今も強く引っかかっている地域である。

第5章　パイロット事業による開発調査の効果

1.　開発調査におけるパイロット事業

開発調査批判とパイロット事業

開発調査にパイロット事業を組み込んだ案件が近年増えている。これにはいろいろの意味合いがあるが、1つには開発調査に対する批判的見方と裏腹の面がある。第3章で論じたように開発調査の効果についてはは根強い批判があるが、一番頻繁に聞かれるのは開発調査が調査の対象となった案件の実施にあまり結びつかないというものである。調査のための調査、あるいは開発コンサルタントのための調査との批判を得た案件があったことは事実である。それを受けての典型的な反応が「また調査ですか」というものである。

開発調査はその過程での技術移転こそが主要な目的だというのは、単なる逃げの議論といわれがちであった。確かに技術移転の具体的な内容が特定されず、目的に照らした効果を評価できない限り、この面での開発調査のアカウンタビリティは確保されない。技術移転を個人、組織、社会・制度の各レベルでの能力向上（CD）と捉えなおすと、アカウンタビリティ確保の方法が見えてくる。まず相手側との共同による開発調査の実施を通じて、個人レベルでのCDが実現されるとともに、その過程で組織、社会・制度レベルでのCDの必要性が明らかになる。個人レベルのCDがある程度組織レベルのCDにつながることもあるだろうし、さらに社会・制度レベルのCDについて共同で提案することができる。

実施に結びつかないとの批判に対して、確実に実施に結びつける仕組みがパイロット事業であるというのは少し皮肉な捉え方である。もう1つの捉え方として、パイロット事業は技術移転あるいはCD効果を図る手段であるとするものがある。カウンターパート要員と共同で具体的な案件を形成し実施することを通じて、より効果的な技術移転やCD効果向上を図ることができる可能性があることは確かである。しかしそれならば効果を挙げるためにどのような過程によって、いかなる案件が形成されるかが問われなくてはならない。パイロット事業ありきではなく、それを形成する過程、すなわち開発調査のやり方、および形成した内容がCD効果を決めるのである。

開発調査の重要性とパイロット事業

より効果的な案件を形成することはまさしく開発調査の役割である。より効果的な案件とは、そもそも技術移転や能力向上の対象となる相手国側の行政官等がその役割に照らして良い案件と思えるものでなければならない。開発に関わる行政官等にとっては開発効果の高い案件こそ良い案件であろう。したがってパイロット事業が組み込まれていようとなかろうと、より良い案件を形成する開発調査の重要性には違いがないのである。

開発調査にパイロット事業を組み込むのは意味のあることだと私は思っている。開発計画の策定を精緻にするために限りない時間と労力をかけるよりも、たとえその一部でも早目に実施してみて、その効果をみて計画を調整して実施効果を高める方が費用対効果の面でより良いだろう。またパイロット事業の実施を通じて実施体制やそれを支えるのに必要な制度面での施策につき示唆が得られる。実施効果を高める計画策定の過程も含めて、あくまでもより良い開発計画策定のためのパイロット事業であるべきである。最近の開発調査において一部でパイロット事業ありきの案件がみられることに遺憾の意を表しておきたい。

能力向上のためのパイロット事業

パイロット事業のパイロットたるゆえんは、その反復性（replicability）にある。パイロット実施した案件が何らかの形で反復・拡大され実施されることである。それが可能となるのはパイロット実施を通じて行政官等の能力が向上し、また実施の仕組みができるからに他ならないだろう。実施の仕組みは実施機関の組織および実施を支える制度に関わる。結局のところ第6章で論じるように、個人、組織、制度の3レベルでの能力向上を図るのがパイロット事業の目的ということになる。

パイロット事業を組み込むということは、開発調査の目的として能力向上をより重視するということに他ならないはずである。開発調査が実施に結びつかないとの批判に対してパイロット事業を組み込んで実施の成果を挙げるという捉え方は本末転倒ということになる。パイロット事業そのものは実施効果ではない。将来の実施のために幅広い能力向上を図る一助なのである。直接的な実施効果を求めるのでなく、能力向上を目的とする開発調査においてこそパイロット事業を組み込む意味があるのだということを確認しておきたい。

2. エルサルバドル経済開発調査

政策支援型調査

第3章3節に述べたように本調査はＪＩＣＡとして数少ない政策支援型の開発調査である。エルサルバドル政府は経済グローバル化のなかで自国経済の競争力を高め、外国からの直接投資を推進し輸出を振興することを図っていた。その一環として地域開発戦略によって地場産業の振興を図ると共に地域間格差の是正、貧困削減を図る政策を推進していた。そのための具体的な施策を、最も開発の遅れた東部地域を事例として形成することが本調査に求められていた。

このためエルサルバドル政府の政策立案機関である国家開発委員会（ＣＮＤ）が本調査のカウンターパート機関となった。ＣＮＤはまた地方自治体と連携し、中央官庁間の調整を通じて地方開発プロジェクトの実施を推進する役割も担っていた。ＣＮＤは国土を6つの地域に分け各地域の開発診断をして開発の指針を提示していたが、これを政策に反映して具体策を形成・実施するには至っていなかった。というよりそのために必要な充分な能力をもっていなかったというのが実状である。

オールジャパン体制による調査実施

エルサルバドルは中米の小さな国であるが、近代史において紡績業を中心として日本との縁も深い（田中、1997年）。エルサルバドル人はラテンアメリカのなかでは勤勉性で知られ、「中米の日本」と呼ばれることをよしとしている親日的な国である。日本のODA対象国としても国土の大きさおよび人口に比べて重視されている。本調査はエルサルバドルを対象とする最大級の開発調査であり、国の将来および日本との関係にとって大きな意味をもつものと捉えられた。

本調査の実施にあたってJICAは作業監理委員会を設置し、ラテンアメリカ学会の重鎮であった細野昭雄教授を委員長に据えた。細野氏はその後エルサルバドル大使に任命されたが、委員会のメンバーである3名の教授と共に調査期間を通じて直接・間接に助言をし続けた。その他JICA派遣専門家による現地タスクフォース、現地日本企業、JBIC、JETROを含めて幅広い関係者と随時討議をしつつ現地作業を実施した。調査団は議論を常に主導しつつさまざまな参加者・協力者の意見に耳を傾け、JICA本部および現地事務所と協議して、調査目的に照らして業務内容を極力柔軟に調整・拡大しながら調査を完遂した。

幅広い提案

本調査では幅広い提案をしているが東部地域特定の提案と、東部地域を事例として形成しているが国レベルでの適用性がある提案とに大きく分けられる。東部地域の有望農産品を対象として形成した農工複合体（ＡＩＣ）開発支援プログラムは、養蜂業や砂糖関連業では他地域にすでにある産業クラスターとの連携を図るもので、有機コーヒー、養鶏業、藍産業も他地域も含めた展開を想定している。ＡＩＣを成功に導く鍵としてアグロビジネスセンター設立を提案しているが、これは地場産品の開発・推進、企業の業種間リンケージ強化を目指すもので他地域にも適用可能である。

既存の組織や制度を極力活用する現実的で具体的な提案を多くしている。このなかには技術分野における中等教育改善プログラムのカリキュラム改良、既存の施設を活用する中小・零細企業向けインキュベーションセンター、中小・零細企業に対するインターネットを活用するビジネス訓練、ビジネス連合形成を通じての起業支援等が含まれる。情報通信（ＩＣＴ）化を支援するための人材育成プロジェクトも各優先分野につき提案している。

東部地域特定の提案は、日本のＯＤＡによって建設されるラウニオン港を地域開発に活用するための提案が中心である。特に域内の主要都市からラウニオン港へのアクセスを改

図表4　エルサルバドル東部地域のロジスティック回路提案

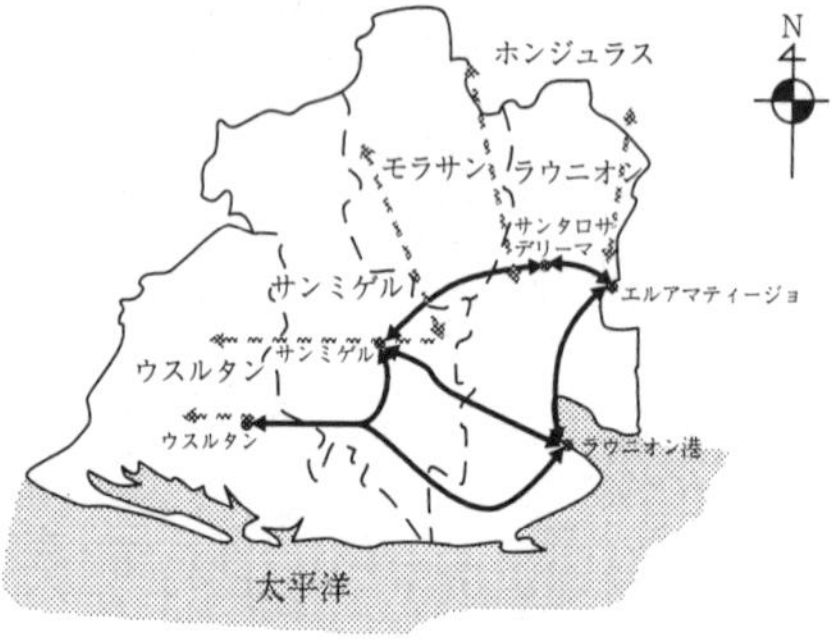

善するためにこれら都市を結ぶロジスティック回路を定義し、輸入品の集積・流通基地や輸出品の加工施設をこの回路上に配置する計画とした（図表4）。これによって東部地域の辺境でもロジスティック回路を通じてラウニオン港につながり、グローバル経済につながる。一方ＡＩＣによって地場産業を振興して、経済グローバル化のなかで地域を介してエルサルバドル経済を活性化することを構想した。

産業クラスターの重要性

経済のグローバル化によって価格優位性の無い産業や産品が淘汰され、世界経済のなかで勝者と敗者とが峻別されがちとなっている。経済のグローバル化は経済効率を追求するものであり、経済効率は限られた資源の有効利用をもたらすものであるから否定しがたい。

あらゆる産業あるいは産品につき最も高い経済効率を達成したものが勝者となるのが基本であるが、それだけならば多くの発展途上国には希望がなくなってしまうかもしれない。

現実には、最も高い経済効率を達成した国や地域がすべての産業を牛耳りすべての産品を生産することにはならない。それらの国や地域にも資源の制約があるからである。これが比較優位論によって国際分業が成り立つ根拠である。価格における競争優位性が無くても比較優位性を確立することはできるわけである。これをさらに強化するのが産業クラスターであると私は捉えている。すなわち、個々の産業や産品には価格における競争優位性が無くても関連産業や産品をクラスター（企業群）として推進することによって、全体として比較優位性を確立することができるのである。エルサルバドルの例によって説明することにしよう。

養蜂クラスターの例

エルサルバドルでは養蜂クラスターがすでに確立している。蜂蜜の製造だけを取り上げるならば、エルサルバドルの養蜂業には競争優位性は無い。中国産の蜂蜜が圧倒的に安くアメリカ市場にまで出回っている。中国内陸部から太平洋を越えて高い運輸費用を背負っても、エルサルバドルから近いアメリカ市場で太刀打ちできないのである。

エルサルバドルの養蜂クラスターは600もの生産者からなり、蜂蜜だけでなく60以上の派生製品を生産しており、これにはビタミン等の健康製品やハンドクリーム、医薬品、家畜用製品等が含まれる。生産者に加えて4つの梱包業者、7つの輸出業者も参加し、さらに政府の技能訓練、技術指導、研究開発機関がクラスターを構成している。それによってクラスター全体として輸出産業として成功しているのである。結果として競争優位性がないはずの蜂蜜そのものの輸出でも、世界人口の0・1％に過ぎない国が国際市場で1％のシェアを誇っている。

畜産クラスターの提案

もう1つの例はＪＩＣＡ調査で新しく提案したクラスターである。エルサルバドルの畜産は伝統的産業であり、そのため飼料としてとうもろこしが広く栽培されている。しかしながらグローバル化によって安い飼料が輸入されるようになり、国内のとうもろこし生産は危機に瀕している。また牛乳やチーズ類の生産も、ホンデュラスやニカラグアのような近隣諸国から一部密輸も含めて入ってくる製品に太刀打ちできない。つまりいずれの産業・産品にも競争優位性が無いわけである。

とうもろこしをいわゆる「青刈り」して発酵飼料を作るとすると、国際市場にさらされることは無く畜産業という国内市場が目の前にある。これによって酪農の生産性を高める可能性がある。さらにチーズによる特産品を開発してニッチマーケット（隙間市場）を狙うことができる。一例は、エルサルバドル特有の食用花であるロココをチーズに混ぜ込んで海外エルサルバドル人向けに生産することである。

海外にはアメリカだけでも２００万人のエルサルバドル人がいるといわれている。これは一大マーケットでありノスタルジックマーケット（郷愁市場）といえる。実際、ＪＩＣＡ調査の一環で行ったアメリカ主要都市での在住エルサルバドル人対象のサーベイによると、たとえばエルサルバドル産のチーズはたとえ価格が2～3倍でも買いたいとの結果がでていた。

畜産クラスターには畜産農家や乳製品製造業者だけでなく、とうもろこし生産者、飼料輸入業者、獣医サービス供給者、さらには政府による人工受精等の支援サービスも含まれる。クラスター化によってとうもろこし生産、牛乳やチーズ製品製造等を合わせて推進し合わせて生き残ることができるだけでなく、チーズ製品は国際市場でも比較優位を確立することができるのである。

3. 藍産業再興パイロット事業

マヤ文明と天然染料

かつて中米に大文明を築いたマヤ人は、東洋の陰陽五行説同様に色によって宇宙観を表現していたそうである。宇宙観を示す五色を身に付けることは宇宙のなかで生きることの表現であったといわれる。天然藍やコチニール（貝殻虫）の赤染料が昔から使われていたのは自然なことである。天然藍については、西暦550年にはマヤ人によって使われていたとされる。このような伝統の上に、16世紀から18世紀頃の中米とメキシコはスペインの支配下で世界の染料基地となっていた。その後インド等他の藍生産国の伸びによって衰退し、さらにドイツで1884年に化学染料が発明されるにいたって天然藍は壊滅した。

エルサルバドルの藍産業

エルサルバドルでは今でも各地に藍草が自生している。このことを発見して天然藍の復活を1997年にエルサルバドル政府に進言したのは、マヤ文明研究家の児島英雄氏であった。氏の働きかけでまず藍染めの専門家として青年協力隊員が派遣されることになった。その後、青年協力隊の藍染隊員は汎米農業協力研究所（IICA）にほぼ継続的に派遣されている。さらに日本貿易振興会（JETRO）は1999年から2002年にかけて「藍染め産業育成支援プログラム」を実施し、2001年からは四国大学より専門家が派遣されるようになったが、これには当時の湯沢大使の力によるところも大きい。

世界的に環境問題への意識が高まり、また先進国では健康への配慮もあって化学染料が忌避されるようになってきた。実際、EUでは2003年に衣料に対して化学染料を使用することが禁止され、化学染料によって染めた衣類の輸入も制限されるようになった。藍を含む天然染料の復活機運がエルサルバドルでも盛り上がりつつあった。

JICA開発調査の開始

このような状況のなかで、2002年11月にJICAによるエルサルバドル経済開発調査の現地作業が開始されたのである。この調査は、先に述べたとおりエルサルバドルの国レベルから東部地域全体、さらにはラウニオン港周辺まで極めて広い範囲を対象とし、かなり詳細な調査・分析を求めるものであった。そのなかでさらに東部地域でのパイロット事業の実施が指示されていた。

このような広範で詳細な調査であったので藍産業が当初から視野の広い部分を占めていたわけではない。エルサルバドルのマクロ社会経済を分析し国を構成する6つの地域について開発診断をしたのち、それを踏まえて東部地域の位置づけを明らかにし開発の方向付けをした。

マクロな面を重視した調査であったが、東部地域の開発計画策定においては極力参加型で実施した。調査の比較的初期にエルサルバドル側の協力によって、東部地域においてさまざまのグループと10日ほどの間に30回ほどの会合をもち、事実上すべてのステークホールダーをカバーしたといわれた。

それらの会合のなかからパイロット事業のアイデアも得て、さらに参加型で候補案件を形成し、有機コーヒー栽培や養鶏業と共に藍産業パイロット事業が形成された。藍産業といっても、藍草の栽培から藍染料の抽出、藍染め、藍製品販売まで幅広い活動が含まれる。当時これらの活動は、小規模・単独で分散して行われていた。JICAからは対象とする活動を絞り込むようにとの示唆があったが、藍産業の再興を目指すからには小規模でも全体工程を有機的に統合して実施することにより、藍産業発展の道筋がみえるようにすべきと判断した。

藍産業パイロット事業の実施体制

藍産業を再興するためには、生産・加工・販売だけでなく研究開発、技能訓練等に関わる者が協力する体制が必要である。パイロット事業はそのような体制を作り上げる一歩としなければならない。そのためにまず、それまで藍産業のさまざまな側面に関わっていた者や機関を極力巻き込む必要がある。そのような考えで多数の個人および機関と協力合意書を交わした。協力機関としては、藍染料抽出施設のための土地を提供する東部地域の企業家連合およびエルサルバドル大学サンミゲル校、技術協力に関わる汎米農業協力研究所（IICA）、国立農業大学（ENA）、国家文化遺産委員会（CONCULTURA）、藍染料抽出に参加する農民を支援する現地のNGO組織ADEL－MORAZAN、および北東部農村開発プロジェクト（PRODERNOR）、国家農林業技術センター（CENTA）が含まれる。

各協力機関の要人として、CONCULTURAのロレンソ・アマヤ氏は藍染料抽出技術の普及を担当し、IICAのカロリーナ・リヴァス女史は全般的な技術指導の責任者となった。また藍染めのワークショップを実施する専門家として、それまでの日本の技術協力に関わってきたホセ・マシアス・デルガド大学のアナ・マリア・デ・ヘルナンデス女史の協力を仰いだ。藍栽培には、青年協力隊としてENAに派遣されていた岡林勇航氏にも協力を求めた。

事業実施の管理は、調査団の副団長を務めていた山根春夫氏がディレクターとして総括した。

さらに、かつてＪＩＣＡ派遣専門家として藍染めの技術移転をし、右に述べたように藍産業再興につきエルサルバドル政府に進言した児島氏をグアテマラから呼んで技術顧問として参加していただいた。それまでの協力を通じてエルサルバドルの関係者の間で人望のあった児島氏の参加は、ともすればばらばらになってしまいがちな生産者と加工者、農民と政府機関、複数の藍関連団体間等をまとめる上で効果があった。

藍草の栽培と藍染料の抽出

ＥＮＡおよびエルサルバドル大学サンミゲル校において、２００３年6月より藍草の実験栽培を行った。栽培期間が一度しかない短い実験期間ではあったが、施肥の時期、播種前の取り扱い、有機・化学肥料による違い、播種の深さ、適性土壌、品種による雑草への対抗力の差、雑草除去の効果的なタイミング、雑草管理の方法等について方向性が明らかになった。ＥＮＡにおける実験栽培は、岡林氏の協力によりその後も継続された。

伝統的な藍抽出装置は「オブラッヘ」と呼ばれ2段水槽からなる。これを２００３年7月にコンクリートで建設し、8月にはステンレス製タンクからなる近代的抽出装置を完成させた。両者を合わせ用いて、同年9月より農民を対象とする実習と実験を行った。オブラッへを使った藍染料抽出講習は1回当たり3日間実施され合計419人の農民が参加した。参加者は共同作業の一員として抽出作業の概略を把握する経験をした。さらに全工程を監視する専門家を育成するためには、より人数を限定した集中的訓練が必要であると判断された。

伝統的なオブラッへと近代的装置の抽出効率を比較検討した。近代的装置は、その形状・材質から沈殿速度が高く、オブラッへでは3日かかる工程が2日で済むという利点がある。これは初期工程における酸化過程を短くすることによって高品質の藍結晶を効率よく抽出することを目指すものである。一方、製作コストが13％程度高く、コンプレッサー用の電力が必要等の制約があるので、将来のさらなる改良により適用可能性が出てくると考えられるが、当面の農村部での普及にはオブラッへが妥当と判断された。

藍染製品の開発と販売

児嶋専門家とアナ・マリア女史の指導のもと、2003年7月から約3カ月間にわたり24名の参加者を対象に各種藍染め技術の講習を行った。その集大成として、2003年11月には細野大使より絹布を賞品として提供いただき日本大使杯藍染めコンクールを開催し、18点の出品があった。また講習参加者は東部藍染め共同組合（ACOTENO）を形成し、引き続き活動を継続する体制を作った。

藍染め製品の販路を確立すること、それによって制作意欲を高めることを狙って、エルサルバドル国際空港に場所を確保し販売ブースを設置した。パイロット事業予算から短期間の賃貸料を捻出して試験的に設置したものであるが、調査の完了後も事実上常設施設として運用が継続された。私もエルサルバドルを最終的に去る際に立ち寄り、講習参加者の製作した製品を買い求めた。

試験販売のほか、日本では調査団を構成する日本工営株式会社およびユニコ株式会社の協力を得て、藍製品の見本市を開き参加者にアンケート調査で評価してもらった。また調査期間中に首都サンサルバドルで開催された国際見本市においてもスペースを確保して展示・宣伝を行い、中南米のバイヤーから良い反応を得た。これらの結果に加えてインターネットによる情報収集、グアテマラ、ペルー、エクアドルでの現地調査を実施し、藍製品の市場を検討した。藍染料輸出の可能性としては、近隣ラテンアメリカ諸国での工芸品作成との組み合わせ（一部藍染めを取り入れた工芸品）が、藍染め製品市場としては藍染め製品が新鮮に受け取られ、在住エルサルバドル系住民の多いアメリカが有望との結論を得た。

藍産業振興策の提案

パイロット事業の成果を踏まえ、藍産業をさらに振興するために以下を提案した。

（1）エルサルバドル・ブランドを確立すること

（2）染め技術を高め、販路を拡大し、付加価値を高めるため藍染め製品を重視すること

（3）北米（藍染め製品）および近隣中南米諸国（染料）における販路拡大のための市場開拓

（4）エルサルバドル官民による藍産業促進体制の強化

クラスター形成によって藍産業を育成する上で重要な点は、行政側に分野横断的な支援組織を形成することである。これには産・学・官からの参加を得ることが望ましい。このためパイロット事業実施期間中に現地を訪れた農牧大臣にプレゼンテーションを行うなど、行政側の支援体制作りにも努めた。２００９年9月には農牧省等によって北部のスチトト市において藍の国際会議が開催され、ヨーロッパからも参加者があった。また四国大学も参加した。

エルサルバドルにおける藍染め技術はまだ萌芽段階にあり、改善の余地は大きい。その一方で、空港での試験販売の経験から、藍染め製品の新鮮さが予想以上に好評で好調な売

上実績を残した。これらを勘案すると、藍染め技術を高めることとアメリカを中心とする市場を開拓することの2点が今後の藍産業振興のために重要と判断された。藍染料の輸出市場に関して、本調査の限られた時間内では必ずしも肯定的な結果は得られなかったが、断片的な情報からは有望である可能性もある。日本のジーンズ生地メーカー等への藍天然染料に関する要望調査を本格的な形で実施する価値は十分あるものと判断した。

4. 調査結果と藍産業再興事業のその後

JICAによるフォローアップ

本調査が完了した2004年の後半には、すでにJICA短期専門家が現地に派遣されフォローアップの方策が検討された。その後しばらくの展開は比較的ゆっくりしたものであったが、それでも本件の成果を活かそうとするJICAの意向は反映されている。

JICAは「選択と集中」戦略のもとで、エルサルバドルに対しては（1）経済の活性化と雇用拡大、（2）社会開発、（3）持続的開発のための環境保全、（4）民主主義の定着・強化を重点分野として掲げているが、社会開発面では地方都市の給水や初等学校整備を草の根・人間の安全保障無償によって支援している。その対象の大半は本調査の対象地域であるモラサン、ラウニオン、ウスルタン、サンミゲルの4県から選定されている。また2005年11月から2009年3月にかけて「自治体廃棄物総合管理プロジェクト」という技術協力プロジェクトが実施されているが、そのパイロット地区としてラウニオン県の9自治体が選ばれている。これは自治体連合による広域廃棄物管理というマスタープランの提案に沿うものといえる。

2006年6月から3カ月余り、本調査実施中はJICAエルサルバドル事務所の企画調査員だった若松聡美さんが短期専門家として派遣され、本調査のフォローアップ活動を行った。JICAのその後の援助案を取りまとめCNDに対する助言をするとともに、大統領出席のもとで東部地域開発セミナーを開催し取りまとめ結果を発表した。東部地域開発におけるCNDの実績を住民および中央政府に対して再アピールし、その後の活動に弾みをつける意図であった。また具体的なJICA支援策としてサンミゲルに新設された中小企業支援センターに対する協力を提案し、大統領同席のもとでJICAの協力を求めるCNDと中小企業庁との合意文書が調印された。

ホンデュラスと国境を接する東部地域のエルアマティージョ地区に2007年6月から2009年5月までの工期で「日本中米友好橋」の建設が無償資金によって進んでいる。

これは右に述べたラウニオン新港、ロジスティック回路と合わせて東部地域を中心とする国際的物流を強化するものとして提案した案件である。二国間に跨るプロジェクトであるため、いかにして日本の支援に結びつけるか当時多くの人と協議をした。ちなみにラウニオン港そのものは本調査に先立って開発調査によりフィージビリティが実施され、JBICの支援で詳細設計に次いで約90億円の円借款によって建設されている。この案件は辺境の農産品等を運ぶロジスティック回路と合わせて、次に述べるアメリカ政府の特別支援と関連するものと捉えられている。

JICAは本調査の成果を活用して対エルサルバドル援助をさらに強化する意図をもっている。これはマスタープラン作りに携わったものとしては大変ありがたいことである。2008年より技プロ「東部地域零細農民支援プロジェクト」が開始される。また2008年にCNDのサンミゲル支部に対して長期専門家が派遣されると聞いている。本調査の本当の成果が現れるのはまだまだ先のことになるのかもしれない。しかしながらマスタープラン無しで単発の支援を実施する場合と比べて、マスタープランに基づく一貫した支援がはるかに高い効果をもたらすことについて私はまったく疑いをもっていない。

アメリカ政府による貧困対策特別支援とエルサルバドル

9／11同時多発テロをきっかけとしてアメリカ政府は途上国への開発援助増額を決めたが、その一環として２００２年３月のモンテレー・サミットにおいてミレニアム挑戦口座（ＭＣＡ）の設置を発表した。テロの根源ともいわれる貧困の削減のため途上国の経済成長を支援する特別口座である。その対象国は当初貧困国に限られていたが、２００５年７月になって低位中所得国にも拡大された。ガバナンスに関わる16の指標によって54の低位中所得国から29カ国が対象候補として選定された。２００６年には対象資格がさらに中所得国にまで拡大され、競争ベースで２００５年11月にエルサルバドルとナミビアが対象国として選定された。

この選定の過程において本調査のカウンターパート機関であったＣＮＤが中心的役割を果たした。ＣＮＤは、当口座によるプロジェクトの実施管理をアメリカ政府より委ねられたミレニアム挑戦会社（ＭＣＣ）に対して２００６年５月に提案書を提出している。これに基づいて、ＣＮＤとＭＣＣとの協議を通じて５年間にわたり総額４億６千万ドルあまりに上る援助が２００６年11月に合意され、２００７年９月より実施が始まっている。この間の文書をみると、２００２年11月から２００４年３月にかけて実施された本調査の影響を垣間見ることができる。少しさかのぼってここまでの経緯をみてみたい。

国家開発委員会の活動とJICA調査の役割

まずCNDは、1997年5月に設立された当初から地域格差の拡大や広範な貧困問題に対処する役割を担っていた。このため地域ごとに参加型によって幅広い協議を重ね「地域行動計画」を取りまとめた。2001年の大地震後の見直しを経て国家開発の初動戦略として東部地域開発が打ち出されたが、これは東部地域においてラウニオンの新港がエルサルバトル経済の競争力強化に貢献すると期待されたからである。2002年に開始されたJICA開発調査は、この国家開発の主流のなかに位置づけられる。

本調査はエルサルバドルのマクロ社会経済の分析から、5地域の開発診断を経て東部地域の国家開発における位置づけを明らかにしたうえで、東部地域の開発計画を立案したものである。ラウニオン新港をテコとして後進地域の開発を図るだけでなく、エルサルバドル経済の国際競争力を強化するための具体的な提案を形成している。CNDの歴史的役割および活動を踏まえて深化させ、エルサルバドル社会経済の将来に向けての具体的提案に結びつけたものといえる。その意味で本調査の成果は単に一地域の開発計画ではなく、

CNDが作成したエルサルバドル国家開発のための指針なのである。

MCA構想が伝えられたとき、「住民参加型の地域開発による格差是正、貧困削減」に長年取り組んできたCNDはごく自然に対応して的確な提案書を取りまとめることができたものと思われる。それがMCCによって評価されたのも自然である。この間の経緯を、当時JICAエルサルバドル事務所で企画調査員であった若松聡美さんは以下のように述べている。

「CNDの長年の活動の積み重ねの中にJICAマスタープランもあり、これがあったからサカ大統領の就任時に地域開発を国家戦略に位置付けることに成功したといえ、それがMCC承認につながったといえます。まだ申請審査期間中だったころ、私が現地でMCCのエルサルバドル代表と話したときも、マスタープランを持っていること、それを実施しようとしていることを高く評価していました。」

MCC支援による「経済成長による貧困削減」プロジェクトは、社会開発、経済開発、道路整備、およびガバナンスの4つの要素から構成される。経済開発ではマスタープランで提案している一村一品的アプローチでパイロット事業を競争ベースで選定して実施することになっていると聞く。これは本調査におけるパイロット事業の選定・実施と同様であり、CNDスタッフのイニシアティヴを感じることができる。この例に示されるような実績を求めるCNDスタッフの志向はJICA開発調査の過程でのCNDスタッフの成長を示すもので、MCCにも好意的に受け取られたと若松さんは指摘している。

藍産業のその後

エルサルバドルにおける藍草の栽培は、JICA開発調査の一環でのパイロット事業実施を契機として急速に伸びている。実はパイロット事業実施中に「藍染料が高値で取引される」という誤った報道が全国紙の東部地域版に掲載され、東部地域を中心とした零細農家で藍草栽培が爆発的に拡大したことがあった。耕作不適地での栽培も行われ、結果として藍染料が2トンもさばけなくなる事態も生じたとのことである（岡林、2008年）。藍草の収量、藍染料の含有量、さらには関連インフラの整備状況から、最も高品質な藍染料が得られる生産地を選定する必要があると、岡林氏は提言している。

パイロット事業の実施前と実施後で藍製品の質は飛躍的に高まったと岡林氏は明言している。かつては藍染めのTシャツをもらっても着るのに躊躇したが、2004年末ごろには首都サンサルバドル市内の大型ショッピングモールの一部の土産物屋でも扱うようになり、Tシャツの価格は22～25ドル程度で、海外からの観光客にも売れていたとのことである。ちなみにパイロット事業の一環で設置されたサンサルバドル空港の店は、氏の帰国直前の2007年4月時点で販売を継続していた。中米諸国の土産品が文化的共通性から類似のものが多いなかで、エルサルバドルの藍製品が異色を放っているようだ。

2006年ごろからJICAのあるサンタテクラ市では、藍染のTシャツを着ている市民をよく見かけるようになったとのことである。Tシャツの価格は現地の基準ではやや高めであり、藍染のTシャツを着ることが中流階級の人々にとって1つのステータス表現なのである。

2004年ごろから、藍染に取り組む市民団体やNGOがサンサルバドル県やラパス県を中心として大幅に増えたとのことである。2006年に入って、モラサン県のNGOでパイロット事業にも関わったADEL－MORAZANの産業祭で藍染製品が大々的に販売され、その後常設施設で販売が行われるようになった。また東部地域の観光拠点の1つであるペルキン市のホテルでも販売が開始された。多くの市民がNGOに所属したり個人で藍染作家となり、デザイン性が飛躍的に高まったと岡林氏は述べている。

2005年に名古屋で開催された愛地球博において、エルサルバドルは中米共同館に出展した。そこでは藍染の歴史に関するビデオが上映され、ハンカチ大の藍染体験教室が行われた。講師はもちろんエルサルバドル人である。再興された藍産業を誇らしげに展示したものといえる。

エルサルバドルのデ・エスコバル副大統領の藍好きは良く知られており、外交時の贈り物として藍染製品を利用されることが多いようである。2005年の常陸宮殿下と妃殿下のエルサルバドル御訪問の際にも、副大統領からお土産として藍染製品が送られたと聞いている。2005年8月の日本と中米とのサミットで同副大統領がサカ大統領に代わって参加されたときも、藍染のドレスを持参されたそうである。

2008年3月に、右記の新しい「東部地域零細農民支援プロジェクト」に関わる覚書が農牧省大臣とJICAエルサルバドル事務所の三澤吉孝所長との間で交わされた。そのときの調印文書を収めたホールダーの表には藍染の布があしらわれているのが見て取れた。日本とエルサルバドルとの技術協力の成果を象徴するものといってよいだろう。以上の成果は少なくとも1997年からの多くの人々による息の長い協力によるものであるが、そのなかでJICA開発調査のパイロット事業が果たした役割は画期的なものだったと私は思っている。

第6章　開発調査による能力向上効果

1. 開発調査の目的としての能力向上

開発調査による能力向上の範囲

開発調査の目的は技術移転であり、能力向上（CD）であるという。しかしながら、1年から2年程度の開発調査期間中にどの程度の能力向上が図れるものだろうかとの疑問が生じるだろう。開発調査を通じて相手国政府機関（カウンターパートと呼ぶ）の要員の能力向上はかなり図ることができる。これはもちろん個人レベルの能力向上である。これらカウンターパート要員をテコとして、各所属機関の意識向上やある程度の組織強化も図れるかもしれない。これは組織レベルの能力向上である。さらに幅広い能力向上に必要な政策や制度上の施策、すなわち社会・制度レベルの能力向上につき提言をまとめることも開発調査の役割である。

そして開発調査を通じて明らかにされたさらなる能力向上の方向や範囲に沿って、次の段階の技術協力案件を形成することができる。通常これは第1章2節に述べた技術協力プロジェクトという実施案件の形をとる。JICAの「選択と集中」戦略のもとで技術協力の効果を確実に挙げるためには息の長い協力が必要と認識されるようになっているが、その前提として、そもそも高い効果の期待できる対象を選定することが肝要となる。

技術協力プロジェクトへのつなぎ

開発調査を息の長い技術協力の第一歩として、その後継案件（あるいは出口戦略）として技術協力プロジェクトを想定するケースが増えている。技術協力プロジェクトは通常まず3年間にわたって実施される。その効果を図りつつ必要と判断された場合、さらに2年程度継続実施されることもある。そうすると開発調査の準備期間を合わせると7～8年にわたって同じ国あるいは地域、同じ分野に対して技術協力が継続されることになる。対象国と分野にもよるが、技術協力の効果を挙げるためにはたとえ細々でもこれくらい息の長い協力をすることが必要だと私は思っている。

開発調査は、1～2年もの期間、数十人・月もかけて実施するものであるから、その成果・効果についても厳しい評価がされなければならない。限られた期間にJICAによる技術的な業務範囲に関わる指示を完全に遵守しつつ、どうやったら所期の技術移転・能力向上を図ることができるだろうか。一例として、私が2006年9月より2008年5月まで担当したシリアのダマスカス首都圏総合都市計画策定調査をご紹介しよう。

ダマスカス首都圏総合都市計画策定調査の特徴

本調査には少なくとも2つの特徴がある。1つは、都市域のみに着目して計画立案するのでなく、シリア社会経済の発展のための首都圏の役割を他地域との関連も踏まえて明らかにし、その枠組みのなかで首都圏の都市開発を計画するアプローチである。さらに首都圏内の特定地区を選んで詳細計画を作成することまで業務範囲に入っていた。

もう1つの特徴は、計画作りを通じてシリア側カウンターパート要員の能力向上（CD）を図ることが究極の目的とされていたことである。ともすれば開発調査がコンサルタント中心の作業に終始して、その成果が相手側によって活かされない恐れがあるなかで、カウンターパートとの共同作業による計画作りを通じてCDを図ることによって、次につながる技術協力をすることが求められた。

本調査の目的と期待される成果

調査を通じて期待できるのはおおむね個人レベルのＣＤにとどまらざるを得ないかもしれないが、それがカウンターパート機関の組織強化や幅広いＣＤ効果のための政策立案や制度改革につながるよう図ること、そのために次段階で必要となる技術協力の方向性と内容を明らかにすることが本調査の目的であった。

本件に対するシリア側の期待は非常に大きいものがあった。第1に、本件は地域開発計画という意味でもシリアでは事実上初めてであり、本件で適用したアプローチ・手法は他地域の開発計画策定に順次応用されることが期待されていた。第2に、本件を通じてＣＤを達成したカウンターパートはダマスカス市だけでなく他都市の計画策定・更新にも展開していくことが期待される。第3に、カウンターパートのさらなるＣＤの具体的必要性が本調査の結果として明確になり、次の技術協力へといかされることが期待される。第4に、本調査で策定する特定地区の詳細都市計画が次段階で実施されること、さらに他地区についても同様の詳細計画が順次作成・実施されていくことが期待される。もう1つ付け加えると、シリア側には計画作りに地理情報システム（ＧＩＳ）を適用したい意向が強く、この面での技術移転も期待されていた。

2. ダマスカス首都圏総合都市計画策定調査

ダマスカス市のマスタープラン

ダマスカス市の最も新しいマスタープランは1968年に策定されたもので、これには1人の日本人が大きく関わっている。その足跡を、当時日本学術振興会から派遣されていた松原康介氏が追っていた。氏の論文から以下を引用したい。

「番匠谷尭二（ばんしょうや・ぎょうじ　1928—97）は、東京工業大学の清家清研究室出身で卒業後の1950年代初頭に渡仏した後、アルジェリアを皮切りとして多くのフランス圏を訪れ、建築実作を残すとともに現地都市計画の策定に携わった。中でも最も重要な業績と目されるのが、1968年のダマスカス市マスタープランの立案と策定である。」

ダマスカスは数千年にもさかのぼる歴史がある交易都市だが、近代に入って幾度か計画的都市開発が図られている。番匠谷計画はその延長線上にあり、最も簡潔にいうと、人口の急激な増加および自動車交通の発展による都市域の拡大に対処するため、都市構造の変革を図ったものということができる。これは評価されるべきことだと思うが、その後のさらなる人口集中と自動車交通の発展によって、ダマスカス市はいまや住民にとって非常に暮らしにくい都市となってしまっている。実際このマスタープランは実効性がなくなって久しく、計画されていない地区に非公式居住区が広がりダマスカス市の人口の30％も占めるようになっていた。また駐車場不足や就業機会の一極集中により交通渋滞が悪化し、都市環境が劣化していた。

ダマスカス首都圏マスタープランの計画概念

良い計画を策定するには、計画作りを導く計画概念を明らかにし関係者が共有していくことが大切である。ダマスカス首都圏については3つの計画概念が重要と考えた。第1は「経済効率」である。グローバル化する経済のなかでシリアが自立的発展を図っていくためには経済効率の追求は必要条件で、首都圏はこれを最も高い水準で満たす必要がある。ただし、ここで注意が必要である。経済効率一辺倒の追求が大都市への一極集中を招き、環境・社会面でさまざまな問題を生じた「20世紀の都市開発」の愚行を繰り返さないことである。

そのためには環境・社会面に十分に配慮した都市開発を目指すことが必要だが、このことはダマスカス首都圏では特に重要である。右に述べたように都市環境が住民にとって住みにくいものとなっていたなかで新しいマスタープランの必要性を標語的にいうと、ダマスカス市を住民の手に取り戻す必要がある、ということになる。これを計画概念として「人間の安全保障」と表現した。実はこの概念は、上記の松原論文から借用したものである。同論文には「住民の内発的な協働なくして居住、福祉、防災など都市生活に不可欠な安全保障はありえない」との記述がある。

もう1つの計画概念として「文化都市」を謳うこととした。都市の社会経済を活性化するには多くの人々を引き寄せ交流を活発にすることが有効である。文化・社会的背景の異なる人達が活発に交流することは民族間の争いに対する抑止力ともなりうる。イスラム文化との調和のもとで多様な文化を受容することは、オアシスの交易都市として成立・発展しイスラム文化の中心であり続けてきたダマスカスにとってふさわしいことではないだろうか。

このような計画概念を都市開発に反映する仕組みを計画に織り込むことにした。その内容例を図表5に示している。

ダマスカス都市開発マスタープランの主な内容

右に述べた計画概念のもとで具体的なプロジェクトやプログラムを形成し、それらを「都市構造改善イニシアティヴ」、「居住環境改善イニシアティヴ」および都市建築遺産修復・

図表5　ダマスカス首都圏都市開発の計画概念

経済効率 Economic efficiency	人間の安全保障 Human security	文化都市 Cultural city
・都市道路網の改良 ・公共交通の改善 ・新交通モードの導入 ・地下駐車場等の設置 ・水利用の効率化に資する都市形態の実現	・快適な歩行者空間の創出 －都市公園，川沿い遊歩道，歩道・歩行者通路網 ・都市修景・美化 ・交通安全対策 ・都市防災 ・社会的セーフティネット	・多様な人々の交流による活力ある都市社会 ・旧市街邸宅の修復・活用 ・都市・建築遺産の活用を通じた保全 ・文化センター施設設置 ・国際会議を含む観光基地インフラ整備 ・高度社会サービス提供

活用特別プログラムにまとめて提案した。都市構造改善イニシアティヴは「幹線交通網整備」「新都市開発」「多機能都市センター開発」の3つのプログラム、15のプロジェクトからなる。居住環境改善イニシアティヴは「非公式居住区改善」「都市および農業地区開発規制」「社会インフラ整備」「都市再開発」「上下水道改善」「都市交通体系改善」の6つのプログラム、18のプロジェクトからなる。

都市建築遺産修復・活用特別プログラムはまず世界遺産であるダマスカス旧市街と周辺都市遺産保全地区を合わせてステークホールダーによる参加型で管理計画を立案すると共に、一元的な管理主体を確立する。その過程で遺産価値意識向上キャンペーンを実施し、また都市遺産データベースの確立を開始する。さらに他の歴史地区についても住民参加によって都市遺産保全をテコとするコミュニティ開発を計画する。都市遺産を修復しても、それが住民によって適切に管理されなければ維持が難しい。住民が喜んで管理をするように住民に役立つ形で都市遺産を修復することが望ましい。

マスタープランの実施を推進するために、ダマスカス市および隣接する郊外県ならびに関連政府機関によるダマスカス首都圏評議会の設置を提案した。また都市・地域計画関連制度の改革として、民間主導による都市開発、非公式居住区の公式化、新規都市化地区の開発に関わる既存法制の運用改善、官民連携による都市開発の手法とそれを支える法制の整備、国土・地域・都市計画体系の確立等につき提案した。

シリア側との協力体制

シリアはアラビア語圏であり、シリア人に対して英語はほとんど通じない。カウンターパート要員は40名以上指名されていたが、多少とも英語を話せる人は数えるほどだった。実は私自身にとってこういう状況はほとんど初めての体験だった。これまで担当した案件の国では、たとえ国語が英語でなくてもカウンターパート機関には英語で議論のできる要人が何名かはいた。ところがシリア案件ではカウンターパートのリーダーさえ一言の英語も話せない。

40名余り指名されていたカウンターパート要員もほとんどは顧問的な役割で参加しているだけであり、本業を離れて日常的な共同作業をすることは期待できない。そのため日常的共同作業をする核となる要員10名余りを指名してもらった。このコア要員には原則としてJICA調査団と同じ部屋に毎日つめてもらうこととし、そのための部屋の確保をお願いした。このような協力体制を作ること、また共同作業の場所を整備することが共同作業による開発調査実施の第一歩である。

実際には毎日同じ部屋で作業をしたのは5名、そのうち英語で何とか仕事の話ができるのは2名だけだった。優秀な専任の通訳1名と1名の秘書兼タイピストを雇い、必要に応じて1～2名の追加通訳が動員できる体制を作り共同作業が始まった。JICA団員が関連機関に聴取や資料収集に出かけるときは英語のできるカウンターパート要員か、他のカウンターパート要員と通訳がついていくことを原則とした。現場踏査に出かける場合は複数のJICA調査団員と複数のカウンターパート要員に通訳という構成となる。

定例会議の開催

カウンターパートのコア要員とは週1回必ず定例会合を開き、常時事務所にいないカウンターパート要員にも参加意識をもってもらうよう努めた。会合は通訳を介さないと成り立たないが、幸い優秀な通訳のおかげで不都合を感じることはほとんどなかった。定例会合は単なる連絡会合ではなく極力作業会合となるように努めた。このためＪＩＣＡ団員は順次テーマを決めて調査の内容につき説明し、カウンターパートと議論をした。シリア人は議論好きでありアラビア語ならばいくらでも自分の考えを述べるので、通訳を介せばかなり活発に深い議論ができるのである。

時には逆にシリア側に発表をしてもらい、ＪＩＣＡ団員が質問をしてさらに説明してもらい議論することも少なくなかった。ダマスカス市の都市・文化遺産の状況や関連プロジェクト、シリアの都市計画関連法制等については、当然のことながらシリア側要員の方が良く知っている。団員は日本の事情や他国での経験に基づいて質問をしたり説明をして、議論を通じてダマスカス市での課題を明らかにすることができる。まさに双方向の技術協力である。

このような会合は、２００６年９月より２００７年12月までの現地作業期間中に46回を重ねた。この間、年末・年始、年度の切れ目そしてラマダン中は現地作業が途切れたので正味12カ月弱の期間、ほぼ確実に週１回の定例会合を開いたことになる。このほかにも計画の道具として活用した地理情報システム（ＧＩＳ）等特定のテーマについてセミナーを行い、またサーベイやコミュニティ・ワークショップ準備のための作業部会も行った。さらに調査の節目では公式のセミナーやステアリング委員会に加えて、40名余りのカウンターパート全員を対象とするステークホールダー会合を開催した。あらゆる会合の数は100回近くになるだろう。これは私がこれまでに担当した案件のなかでは平均的なところである。

共同作業の意味

開発調査はカウンターパート要員との共同作業によるのが当然であり、幅広い関係者の参加のため考えられるあらゆる種類の会合を重ねつつ実施すべきものである。以前は、開発調査期間中にわずか2~3回実施するセミナーをことさらに「技術移転セミナー」と呼んでいた。これは裏返すと、日常的な共同作業や定例会合を通じての技術移転をいかにやっていなかったかということになる。本件のように言葉が通じなくても、共同作業や各種会合を軽視する理由にはまったくならない。

そもそも開発コンサルタントとして何ゆえに自分が現地にいるのかを考えると、カウンターパートとの共同作業を軽視することはできない。カウンターパートのために、開発調査のおかげで対象途上国にいるわけである。開発コンサルタントのなかにはカウンターパートが役に立たないと文句を言い、役に立たないものをなぜ使う努力をしなくてはいけないのかというものがいる。これは自分のためにカウンターパートがいると捉えているわけでまったくの考え違いである。

日本での研修

開発調査をはじめとして異なる援助スキームを組み合わせて効果を高めるのが特に最近のJICAのやり方である。本件では日本での研修が極めて効果的であった。JICAによる研修事業にはいくつかの種類がある。対象国ごとに要人を招請して実施する比較的短期の国別研修、およびテーマごとに比較的長期（1～2カ月）で研修をする集団研修を本件では活用することができた。国別研修では4名の要人、集団研修は4つのテーマに計5名を送り込むことができた。

国別研修は手作り研修である。目的に照らして研修内容を検討し、内容ごとに研修先を選定し、地方の研修先訪問と組み合わせて視察も組み込んで研修スケジュールを作成する。JICAおよび関連機関である財団法人日本国際協力センター（JICE）との連携のもと研修先への協力依頼、訪問先とのアポイントを手配しスケジュールを固める。以前は

ＪＩＣＡ／ＪＩＣＥ主導で実施しており、これに開発調査を担当する開発コンサルタントが無償奉仕に近い形で協力していた。これが開発コンサルタント主導で実施できる体制が２００７年に導入され本件はその先駆けとなった。

手作り研修は大変手間がかかるものである。研修スケジュールの準備だけでも相手に合ったものを準備しようと工夫をするのはなかなか大変であるが、実施になると研修の実を挙げるため各研修先に同行して研修内容を補足したり質問に答えたりすることも必要となる。研修の一部を自ら担当することも当然ある。それなりの対価が得られる体制となったことは喜ばしいことである。本件では私の副総括を務めていただいた高橋賢治氏の多大な努力によって大変良い研修を実施することができ、最後の評価会合でも研修者、ＪＩＣＡ双方から高い評価をいただき私も面目を施した思いである。

日本での研修はうまく実施すればよい効果が期待できるが、研修を受けた当人のみにこれをとどめるのはもったいないというものである。もちろん研修者は研修終了後に研修報告書を作成・提出し、その経験の共有を図る。しかしその報告書をじっくり読む者は多くはいないだろう。本件では研修を終えて帰国したカウンターパート要員にセミナーを実施してもらい他の要員と経験の共有を図った。研修の参加者については高橋氏がときとして援護射撃をしつつ研修内容がより良く伝わるように図った。また研修内容を伝えるだけでなく、その成果をJICA調査で作成する計画の実施にいかに生かすかについて議論をした。

カウンターパート要員の本調査への期待

本調査に対するカウンターパートの期待を明らかにして能力向上（CD）のためのより良い方法を探る一環として、最初の定例会合でアンケートを配った。質問は簡単で2つだけ、第1は「あなたは本調査に何を期待しますか」、第2は「あなたは本調査から何を学びたいですか」である。同じ質問のようだが、本調査は共同作業を通じてカウンターパート要員の能力向上を図るのが究極の目的であり、本調査による能力向上の対象となる当事者としての意識をもってもらうために第2の質問をした。

本調査に対する期待をまとめると、（1）都市問題解決に資する効果的な総合都市開発マスタープランの作成、（2）参加型計画、高度な計画手法、計画のためのデータベース作成等の手法の習得、（3）交通混雑、不法居住区、都市・産業開発軸の強化等の特定の課題への対処および特定地区の詳細計画作成、（4）ダマスカス市と近隣郊外県とを統合する基盤および国レベルから地域および市域に至る都市計画に関わる法制の提示、となる。

本調査の目的および業務範囲に照らして適切な期待といえる。

本調査を通じて個人的に目指すものは、(1) 都市計画手順および手法を学ぶこと、(2) 都市計画の実務を経験すること、(3) 新しい考え方を身に付けること、(4) 大規模調査や大型案件の管理を経験すること、とまとめることができる。手法については、具体的にデータ収集・解析、業際的計画作り、地理情報システム (GIS)、地域開発アプローチへの期待が表明され、新しい考え方では、創造的な考え方、論理的・分析的考え方に加えて日本式考え方への期待が表明された。実務面では、案件形成、不法居住区改善、法制整備、計画実施等が具体的に期待された。

能力向上効果の中間評価

技術移転や能力向上の効果を評価することは難しいが大切である。本件では言葉の壁とシリア側の計画概念が独特のものであることから、どこまで共同作業を実施し能力向上の効果を挙げられるか、心許ない状況から現地作業が始まった。現地調査の実施中いつも能力向上をテーマとして頭においていたが、その効果をいかに計測するかは模索以外のなにものでもなかった。そのため調査の中間時点でそれまでを振り返り、能力向上効果の中間評価を試みた。以下がその概要である。

第1年次（2006年9月—07年3月）においては週1回の定例チーム会合に加えて、カウンターパートは調査団員に協力して関連機関からの聴取、データの入手・整理、現場踏査等に参加した。第1年次の成果品であるプログレスレポートの作成にあたっては、特に都市・建築遺産の現状および都市計画関連制度につき原稿を作成して貢献した。ステークホールダー会合、ステアリング委員会等の会合の準備・運営においてもそれなりの貢献をした。

第2年次に入ってカウンターパートの貢献度は飛躍的に向上したといえる。特に以下の諸点において貢献度が高かった。

（1）現地再委託調査の管理—特に都市遺産保全地区および非公式居住区に対する初期環境影響調査（IEE）においては、業務指示書の準備において調査団に協力しただけでなく調査の管理や中間成果のレビューを中心的に行った。

（2）都市遺産住民意識調査—旧市街の都市遺産価値についての住民等の意識調査を調査団の指導のもと計画から実施、結果のとりまとめまで主体的に実施した。その結果を定例チーム会合で共有し、また正式の調査報告書にも反映した。

（3）コミュニティ・ワークショップ—非公式居住区に対するニーズ把握のためのワーク

ショップを3回実施した。第1回は調査団の指導のもとに実施したが、第2回および第3回はカウンターパート中心で計画・実施した。第3回の結果はその後、対象とした非公式居住区の詳細計画作成に反映を試みた。

（4）インテリムレポートの作成—都市遺産修復・活用計画、実施体制の提案、都市計画制度に関わる提案につき調査団と討議し、各内容の改善に貢献した。

（5）図面類—インテリムレポート用の一部図面の作成を担当、Auto—CADによる既存マスタープランの取り込み、GISによる土地利用計画作成の補佐等。

シリア側専門家の意識

またその後の能力向上をよりよく計画するために、カウンターパートの意識や関心について分析し以下のようにまとめた。

（1）カウンターパートは一般的に計画作業には熱心に参加する。また都市計画制度についても活発な議論を展開する。これらはいずれも現実の問題をよく知っているからと思われる。このようなエピソード的な知識を体系化するための導きが必要と考えられる。

（2）都市計画の実施体制には関心があると見受けられる。ただし、現実に基づき問題点は指摘するが、いかにうまく実施するかにつき体系的に考えるには至らない。

（3）都市遺産保全に対する意識は高い（シリア側チームリーダーのせいにもよる）。

（4）ＧＩＳには強い関心をもっているようだが、応用になると意外と反応が鈍い。これは応用の経験が乏しいか、都市計画へのＧＩＳの適用性に対して非現実的な期待を抱いているか、いずれかのためと想像される。

（5）参加型アプローチには一部のカウンターパートは目覚めた感がある。「都市計画への新しいアプローチのパイオニアに」との励ましも効果があったと思う。

（6）都市計画用語に対してあまり敏感でないように思われるが、これは戦略的計画の考えになじんでいないからではないか。

（7）地域計画・地域開発アプローチについては、ほとんど理解していないようである。これは地域計画担当の地方自治環境省（ＭＬＡＥ）の関連部署要員も同様で、そもそもシリアにおいて地域開発の発想が定着していないということである。

（8）日本での研修機会はカウンターパートの動機付けを高める上で大きな効果がある。すでに集団研修参加を終えた要員が定例チーム会合で自主的にその報告をして経験の共有を図った。

(9) 本件の後継案件の可能性もカウンターパートの動機付けを高めていると考えられる。

能力向上計画の再検討

以上を踏まえて、その後の技術移転、能力向上(CD)につき次のように計画した。まず個人レベルのCD効果のために以下の作業を実施することとした。

(1) 詳細計画の作成はこれまで以上にカウンターパートを巻き込んで行う。次段階で実施に結びつく可能性があることを示唆しつつ、当事者意識を高めるように努める。

(2) プロジェクト形成の方法につき、コミュニティ・ワークショップを通じての参加型形成と、調査団中心のトップダウンによる形成の双方を経験させる。

(3) 国別および集団研修の成果を広く共有するため、3~4回のセミナーを実施する。

(4) 総合都市計画の集団研修(2名が参加)につき定例チーム会合で報告させ経験の共有による相互啓発を図る。

次に組織レベルのCDについては、以下を実施する。

(i) MLAEは地域計画・開発重視の方向で組織改革・強化を目指しているので、これを注視しつつ、よい影響を与えることができるよう図る。

（ⅱ）その一環として11月下旬に予定されている「地域計画と持続的開発」会議に参加しＪＩＣＡの経験を発表すると共にシリアでの地域開発の方向性につき議論する。

（ⅲ）ダマスカス市については計画局長・副局長が研修に参加するので、その効果が多少とも組織に及ぶように導く。

（ⅳ）ダマスカス郊外県については、今年度になって都市計画局長が定例チーム会合に参加するようになったので、今後さらに関係を深めていく。

制度面のＣＤについては、インテリムレポートに示した都市計画関連制度の改革提案に対してどのような反応があるかを注視し、対応を考えていくこととした。

能力向上効果のシリア側自己評価

最後の定例会合で簡単な質問表を配布して、本調査を通じての能力向上（ＣＤ）効果につきシリア側カウンターパート要員の自己評価を求めた。コア要員10名の回答を後日収集した。まず本調査に対する期待の充足度ではＣＤ効果については、2名が極めて高い、6名が高いとし、2名が無回答であった。作成されたマスタープランに対する満足度では6名が高く、2名が普通、2名が無回答であった。他に高い評価を得た面は交通問題への対処、水問題への理解、そして日本文化・日本人との交流があげられた。

本調査への自らの貢献については、データ収集や関連機関との調整が大半から報告され現場視察への同行も4名が報告した。これらは通常の開発調査でも最もカウンターパートが貢献しやすい業務である。本調査の特徴として問題分析ワークショップの実施が5名、社会調査の実施および詳細計画の作成が各4名によって自らの貢献として報告された。

CDの方法としての日常的共同作業および定例会合はいずれも高い評価を得た。日常的共同作業は3名が極めて高く、5名が高く、2名が普通と評価した。定例会合は4名が極めて高く、6名が高く評価した。日本での研修の効果については参加者に定例会合で情報・知識を共有してもらうべく図ったが、参加できなかったものは無回答あるいは普通との評価だった。参加したものは5名が極めて高く、1名が高く評価している。

以上は個人レベルでのCD効果であるが、組織および制度面でのCD効果についても評価してもらった。正直なところあまり良い評価を期待していなかったが、組織へのCD効果では3名がかなりの効果と評価し、6名が多少の効果と評価とした。具体的な組織・制度面への効果につき述べてもらった結果は以下のとおりである。

まず組織内での考え方に変化がみられたとするものは、持続的社会経済開発のシナリオ、参加型計画、都市開発における民間の役割、都市の過密を防ぐための公共交通の役割等の考え方が広まったことを指摘している。所属機関の地域計画上の役割が明確になった、GISによるデータベースによって組織の能力が向上したとの見方も示された。制度面では、マスタープランで提案している法制面の改革は必要だが困難との見方が示された。一方、ダマスカス首都圏評議会の設置に期待する見解も寄せられた。

後継案件へのつなぎ

2008年8月から12月までの最後の現地調査期間においては、当初より技術移転、CDをより重視する計画であった。個人レベルではほぼ計画通りに作業を実施しその効果の一端は右にまとめたとおりである。組織および制度レベルでは右にまとめた質問表によるカウンターパートの評価結果に加えて「地域計画と持続的開発」会議につき記しておきたい。

この会議は、シリアのエンジニア・学識者の総元締めとして影響力の大きいシンジケートの主催により、年1回の科学週間のメーンイベントとして4日間の日程で行われたものである。会議の最終日に本件のための特別セッションが設けられたことは都市・地域分野学識者による本件の認知という意味があった。MLEAを中心とする都市・地域計画のた

め の組織改革および制度整備について議論が行われ、シリア側の主導で提言が取りまとめられた。提言の中心は、地域開発政策を推進するために官民のメンバーによる地域計画評議会を国レベルで設置することであった。

この会議への参加を通じて、シリアにおける地域計画が実務としてはかなり初期段階にあるとの印象を私はもった。本件のための特別セッションが設けられたことには、シリア政府の地域開発政策のもとでダマスカス首都圏の計画が最初の本格的な地域計画であることをアピールする政治的意図があったのだと思う。この2時間を越えるセッションにダマスカス市長および郊外県知事はフルに参加した。提言も政治的意図であらかじめ準備されたものといえるだろう。それでもこの会議、特に特別セッションはシリアの地域計画にとってアカデミックな研究の対象から実務への転換点になったのではないかと私は希望的に思っている。

この方向でシリア側の意識の転換、能力向上を継続していくことが大切であると思う。都市計画を政府が丸抱えで実施するための規定的なものではなく民間による都市開発を導くものとしていくこと、地域計画をこれまでの大型都市計画のように物的計画中心ではなく産業振興、産業配置のため社会経済計画と統合されたものとすること、そのための個人の意識変革、組織改革、法制整備等がシリアにおけるこれからの都市・地域計画に関わる

ＣＤの方向である。

ＪＩＣＡ側ではシリア側と協議しつつ本件の後継案件の準備が進み、「都市環境管理能力向上プロジェクト」についての業務範囲をＪＩＣＡの助言のもとでシリア側が準備して、２００７年８月には正式に援助要請が出された。ＪＩＣＡとしては、この案件を２００８年度より開始すべく手続きを進めているところと聞いている。

3. 開発調査における能力向上の方向性

目的としての能力向上の明確化

開発調査の究極の目的が当該分野における相手国側の能力向上（ＣＤ）にあることはすでに繰り返し論じた。ここでのＣＤとは、単に個人レベルの能力向上にとどまらず組織および社会・制度レベルでのＣＤを含む広い概念である。対象国や分野によっては組織強化や制度整備を目的とする開発調査があってよい。実際、たとえばフィリピンの水利組合強化や中国の金融制度改革を目的とするＪＩＣＡ調査が実施されている。

一般的には個人レベルのＣＤが開発調査におけるＣＤの基本となる。したがって、当然のこととしてカウンターパートとの共同作業を通じてＣＤ効果をあげなくてはならないのである。そのためにはまず、必ずしも始めから協力に積極的とはいえないカウンターパート要員を巻き込むことが必要である。開発調査の目的がCDにあり、カウンターパート要員はCDの対象であることを認識してもらわなければならない。当事者意識をもってもらうと共に大切な仕事に関わっているという意識をもってもらうことが望ましい。

このような意識が、目に見える成果を共に目指すなかで自然に生まれ強まることは確かである。目に見える成果とは開発マスタープランそのものおよびパイロット事業である。さらに、目に見える成果に向かって自分が実質的貢献をしていると感じさせることが大切である。大事な仕事と思えても、単なるデータ収集の手助けや訪問先への同行等の補助的業務のみさせられていたのでは当事者意識は高まらないだろう。共同作業をするという前提の下では、調査団が良い成果を目指し成果の質を高める努力をするほど、またより実質的な貢献をカウンターパートに求めるほど、CD効果が高まることを私は実感している。

能力向上の対象と範囲

マスタープラン調査の場合、能力向上（CD）の対象は調査対象とするセクターあるいは地域の開発目的に即して選定するのが当然である。運輸・交通セクターのマスタープラン調査ならば、運輸省のような官庁がカウンターパート機関となり、その要員がCDの主な対象となるのは当然であるが、セクターの目指すものが主として特定地域の交通混雑解消なのか、公共交通や交通制御の改善なのか、あるいは地域間幹線道路の建設推進なのか等によって対象とする機関および要員の比重は異なってくるはずである。

地域開発マスタープラン調査の場合、たとえば貧困地域のコミュニティ開発が目的ならば中央政府機関や行政官をCDの対象とするだけでは不十分かもしれない。地方政府ないし自治体やコミュニティ・リーダーのCDも大切となるだろう。さらには地方の行政官等を補助してコミュニティを支援するNGO等のファシリテーション能力向上も必要となるかもしれない。民間投資の推進や輸出振興を目指す地域開発の場合は、関連する組織のCDや法制面の改革がより重要となり、カウンターパート機関の選定や要員の配置に反映するだろう。

フィージビリティ調査の場合は、当然対象となるプロジェクトの実施機関がカウンターパート機関でありCDの対象である。特に第3章1節に述べたようにフィージビリティ調査が対象プロジェクトの実施条件を整えるものへと変わっていくならば、実施機関のCDはまさに実施条件を整える業務そのものである。また調査を通じてさらに必要となるCDの内容につき明らかにして改善のための施策を提案することになる。

開発調査の成果と能力向上効果の計測

開発調査の最も大切で目に見える成果品は調査報告書である。報告書の質は開発コンサルタントにとって最も大切で妥協の許されないものである。たかが報告書であり、それだけでは何一つプロジェクトが実現したわけではないが、質の高い良い報告書を作成することは開発コンサルタントの最も大切な役割である。なぜなら、第1にそれがその後の開発推進のための関係者にとって共通のベースとなるからである。第2の理由は、良い報告書をカウンターパート要員と共同で作成する過程において最も効果的なCDが達成されるからである。

実際カウンターパートが参加することによって何が違ってくるだろうか。マスタープラン調査の場合、提案する各プロジェクトの内容、多数のプロジェクトやプログラムの配置・構成、制度上の施策の内容等はカウンターパートのインプットにより必ず違うものとなる。しかしカウンターパートの担当部分が浮いているようではいけない。形ばかりの参加型で作成した国際機関の調査報告書の場合、説明されなくても「参加」の形跡が見えるものである。

先に述べたとおり、より良い調査報告書を作成する努力のなかでカウンターパートとの共同作業が実質的になるのである。したがって、開発調査の成果は一義的に調査報告書によって評価すべきである。CD効果を挙げるために労力と時間をかけた結果として、報告書の質を充分に高めるに至らなかったということはありえない。質の低い報告書は、その作成過程でのCD効果も低いはずである。

右にCD効果の自己評価の一例を示したが、実際にはより幅の広い評価をすべきである。CD効果の評価は、書式さえ作れば1人で的確に評価できるというものではない。いろいろの関係者がさまざまな評価をすることによって、全体像が浮かび上がるように図るのが良い。自己評価に加えて、調査団としての評価、団を構成する開発コンサルティング企業ごとの評価、JICA担当者の評価、カウンターパート機関幹部の評価等が考えられる。

要はいろいろの関係者がそれぞれの考え、やり方で評価するのが良い。それが適切にできるためには、関係機関相互および関係者間の風通しが良いことが前提となるだろう。そのような状況は調査期間を通じて培った関係者間の良い関係を反映しているはずであり、カウンターパート側からみれば良いCD効果の現れに違いない。逆にさまざまな関係者による評価結果が乖離していることは、CD効果にも疑問を抱かせるだろう。JICA担当者と開発コンサルタントとのパートナーシップをはじめとして内外の関係者間に良い関係を培い維持すること、これはCD効果を挙げるための前提のみならず、すでにCD効果の一部なのだと私は考えている。

第Ⅲ部　開発調査はどこに向かうのか

第7章　開発調査の問題点と役割の変化

1.　開発調査の問題点

開発調査批判のまとめ

第1章2節にみたように近年開発調査の実施件数が減ってきており、特にその予算は激減している。これは開発調査に対する批判的見方の反映といえるだろう。開発調査に対するこれまでの主な批判をまとめると以下のとおりである。

（1）開発調査は実施に結びつかない。
（2）開発調査は省益推進、あるいは開発コンサルタントの商売のために実施している。
（3）開発調査は相手国のためにならない。
（4）開発調査は投入量が多く時間がかかる。

（5）開発調査は官主導で実施され、案件間の連携が不十分である。
（6）開発調査の効果は評価が困難でアカウンタビリティが保証されない。

日本のODAについて、政府関係者のみならず研究者、ジャーナリスト、NGO等が広く議論するようになって20年程が経つだろうか。一時のような事実誤認や知識不足、それに基づく的外れの批判は減っているように思う。それでも開発調査およびそれを支える開発コンサルタントに対する一般の認識が高まったという気はしない。右記の批判は少なくともODAに目を向けている人たちのものである。以下論点を整理しつつ論じ批判に応えたい。

実施に結びつかない開発調査

開発調査が実施に結びつかないとの批判は、開発調査の目的は特定案件を実施に結びつけることだと設定していると先に述べた。フィージビリティ調査の場合は、この目的設定は妥当だろう。しかし、これはさまざまな開発調査の目的の1つに過ぎないこともすでに論じた。本当の問題は、はっきりした目的意識をもたずに実施する開発調査があったことである。案件に応じて目的を明確にして開発調査を実施することは当然のことであり、目的に照らして実施効果を評価する必要があるということである。

開発調査の究極の目的が相手国側の能力向上（CD）にあることが関係者の共通認識になりつつあることもすでに述べた。それは個人レベルの能力向上にとどまらず、組織強化、制度整備も含む幅広い能力向上であることも繰り返し論じた。フィージビリティ調査で対象案件を実施に結びつけるための条件整備を図る場合、相手方実施機関の要員の能力向上および組織力強化を図り、さらにはそれを支える制度整備について提案をすることは、幅広いCDを図ることに他ならないことを明らかにした。

マスタープラン調査の場合、形成したプロジェクトや制度上の施策が相手側によって実施推進されるよう、共同作業によって相手側の能力向上を図ることが重要な目的であると論じた。そのためには相手側からみて良い案件、すなわち開発に関わる行政官等が良いと思える開発効果の高い案件を形成すること、実施に必要な組織強化や制度整備に資するプログラムや制度上の施策を提案することが大切となる。このような目的で実施するならばマスタープラン調査も直ちに実施に結びつくのである。

開発調査をより幅広い実施に結びつけるためには、フォローアップ体制を強化する必要がある。第2章3節に述べたようなフォローアップのためのファシリティがなかったことこそが問題なのである。フィージビリティ調査で対象案件の実施条件整備の一環として実施機関の要員の能力向上および組織強化を図ると共に、さらなるCDのための施策を形成しそれを組み込んで円借款によって実施する、これが1つの基本形であろう。マスタープラン調査で共同作業を通じてCD効果を図ると共に、さらなるCDのためのニーズを明らかにしてそれに応える技術協力プロジェクトを形成する、これも基本形とすべきである。このようにすれば開発調査が実施に結びつかないという事態は生じないはずである。

省益推進、開発コンサルタントのための開発調査

ODA案件の採択を求めるものにとって、日本側に推進者がいることは確かに利点となる。関連省庁の援助方針に沿った案件を採択することは必ずしも悪いことではない。日本の強みである技術をもった省庁がそれを途上国に対して活かそうとすることは良いことである。一方、所属する省庁の分掌に沿った案件を実施することは関連予算の獲得にもつながるだろうが、このような配慮が案件の採択に反映されることは望ましいことではない。かつてはJICAには少なからぬ省庁代表が出向しており要職についていたが、現在ではそのような偏向が案件の形成や採択に反映する可能性は低くなっているといってよいだろう。

ODA予算が拡大を続け、開発コンサルタントがODAの実施業務をこなすことに忙殺

されていたころ、開発調査に対する目的意識が一部のコンサルタントの間で低くなっていたのは確かである。現場にいながらまるで日本の本社で日常業務に携わっているかのような態度を示す若手コンサルタントを私はみている。公的な資金によって現地で技術協力に携わっているとの意識は微塵も感じられず、自分の会社の資金を管理しているかのような態度であった。これはすでに過ぎ去った一時期の現象と思いたい。

相手国の役に立たない開発調査

この批判は右のものと裏腹で、開発調査はあまり相手国側の利益にならないというものである。私が地域開発計画調査で初めてタイを訪れたとき、カウンターパートのリーダーである皮肉屋の局長は、ＪＩＣＡというのはJapan Information Collection Agencyだといっていた。自分たちのためにデータや情報を集めるばかりであまり役に立たないという意味である。データの収集では相手国側カウンターパート要員の手を煩わせるので、その結果が役に立たないのではまったくかなわないだろう。

このようなＪＩＣＡ調査団に対する見方は、第1章1節で述べた一部開発コンサルタントの勘違いと裏腹である。ＪＩＣＡ調査団は自分のためにデータ収集等をするわけではない。カウンターパート要員は実は自分たちのためにデータ収集等をするわけで、JICA調査団はその活用の手助けをするのである。開発調査は相手国側との共同作業によって実施すべきものである。相手国側関係者に開発調査は自らのためと思ってもらえるかどうかが相手国側による評価の分かれ目である。

投入量が多く時間のかかる開発調査

特定の案件を円借款によって実施することが目的であるならば、時間をかけ多大な投入をして開発調査を実施するには及ばない。それでも案件がスムーズに実施され開発効果が実現するためには一定の実施条件が整うことが必要であり、それを確認するための調査が必要である。結局のところ開発調査の必要性についての議論は、投入に対する効果および調査と実施とを結びつける仕組みに帰せられる。

開発調査をCDのための相手側との共同作業と捉えれば、大きな投入量にははっきりとした意味があることがわかる。特にマルチセクター計画調査の場合、各セクターに1人の要員を当てることを前提とすると投入量は大きくならざるを得ない。たとえそのなかに専門性という点では多少至らない要員が含まれていたとしても、共同作業が成り立つようにすることそのものが重要なのである。円借款と同様、これは十分な予算と力のある日本のODAであればこそできることである。その要員が誠意をもって調査に取り組み相手側を巻き込む努力をするならば、投入に見合うCD効果が上がるはずである。このようなファシリテーションは開発コンサルタントの大切な役割の1つである。

開発調査における官主導と連携不足

開発調査が官主導で実施されているというのは実態を見誤っている。開発コンサルタントが主体となって開発調査を実施していることはすでに述べたとおりである。しかし形成調査や事前調査が官主導で実施されていることは事実である。事前調査は、発注者として官が責任をもって実施するのは当然と思える。これに対して、役務提供の形で参加する2～3名のコンサルタントが専門的見地から主体的に調査内容につき提案し、前向きの議論が行われるならば、官による予察や偏向によって不適切な業務内容が規定される可能性は低いはずである。

形成調査の場合、第2章1節に提案したように官民パートナーシップによる実施が望ましい。そのために役務提供ではなく業務委託によって形成調査が実施される必要がある。

幸いJICA形成調査はその方向にある。

案件の推進・採択における省庁による偏向が排除され、業務委託による調査実施によって官主導がただされるならば、異なる省庁の管轄下にある案件間の連携不足という問題は存在しない。JICA開発調査の場合、各案件を担当する開発コンサルタントを通じて異なる案件間の連携を求めることは、すでに管理業務の一環としてJICAによって主導されている。

開発調査の効果とアカウンタビリティ

開発調査の効果とその評価については、すでに第3章2節および3節で論じた。開発調査は評価が難しいということを前提としてさまざまな努力がされている。PCM手法の活用や5つの評価指標によるインパクト評価はその例である。PCM手法の限界も認識されており、それに代わる手法や補完する方法も試行されつつある。さらなる評価システムの確立が必要ということになるわけだが、ここではもう少し本質的な議論をしておきたい。

いかなる評価システムも運用次第である。一定の仕組みや書式を準備すれば誰でもが適正な評価ができるというようなことはありえない。適切な評価というものは、いろいろの人がさまざまな方法で評価することによって全体として実像が浮かび上がってくるといったものである。自己評価も重要である。また定められた時期に評価すれば、それまでの効果が測れるといったものでもない。評価は日常的に実施することができ、またすべきものである。少なくとも当事者による自己評価は日常的に実施できる。開発調査の効果等につき、関係者が意識を高め日常的に議論するなかに本当の評価が見えるのである。

このような幅広い評価が可能であるためには、何よりも関係者間の風通しが良いことが必要である。関係者といっても狭い意味ではなく、開発コンサルタント同士が評価しあうことも大切である。私はかつて開発調査等の中間・事後評価にコンサルタントをJICAのスタッフ・コンサルタントとして活用することを提案した。その意図は以下のとおりである（「国際開発ジャーナル」2001年9月号）。

「成果品の質が問われないために質向上の動機付けを失っているコンサルタントに対して、他社のコンサルタントが厳しい評価をすることは、良い刺激となるはずである。（中略）

自分の仕事を同業他社のコンサルタントに公に批判されることは愉快なことではない。しかし他社のコンサルタントの仕事を尊重すると言うきれいごとは、自分の仕事に対する批判をされたくないという甘えと裏腹であり、馴れ合いは質向上の道ではない。

議論が出ることこそ改革の道である。」

研究者やNGO等が日本のODA、特に開発調査を批判的に評価することは良いことである。これも幅広い関係者によるさまざまな評価の一環と捉えられるべきである。そしてこれが近年謳われている国民参加によるODAの本当の意味であろう。何もシロウトが前線に出ることが国民参加ではない。開発コンサルタントも専門性の殻にこもることなく、常識をもってオープンな議論に参加すべきである。

2. 開発調査の役割の変化

開発調査の目的の変化

いまや開発調査の究極の目的が幅広い意味での能力向上（CD）にあることについて、関係者の間で概ね合意が形成されているといってよいだろう。ただしその具体的な意味と中味を案件に応じて明らかにすることが肝要である。フィージビリティ調査ならば、それは対象プロジェクトの実施機関に関わるCDであるが、その意味は対象プロジェクトを実施に結びつけることを調査の目的と認識することによって明確となる。要するに実施機関のCDはプロジェクトの最も大切な実施条件を整えるということである。

マスタープラン調査の場合は、CDの内容はより幅広いものとなり、調査を通じてのCD効果達成とさらなるCDのための案件形成および組織・制度上の施策提案との整合が求められることとなる。第6章で取り上げたシリアの都市計画策定調査では、CDに関わる目的が業務指示書によって次のように示されていた。

「本調査の目的は、持続可能なダマスカスの将来を示すダマスカス首都圏の都市開発マスタープランを策定し、マスタープランの実現に向けた基礎的環境整備（相手国実施機関への各種提言と実施機関の都市計画策定能力向上）を行なうことである。」

マスタープラン実現に向けた基礎的環境整備は、実施機関の個人および組織レベルでの能力向上、および組織強化や制度整備に関わる提言が含まれると読み取ることができる。そして基礎的環境整備に基づいてさらなるCD支援を行う意図が暗示されている。

第6章1節に述べたように開発調査を技術協力プロジェクトにつなぐ事例が増えている。このために開発調査に求められるのは、技術協力プロジェクトの内容を特定するために必要な提案を、開発調査の実施を通じて実現したCD効果に基づいて行うことである。開発調査を通じて確かなCD効果を挙げることが、技術協力プロジェクトの内容についての提案に説得力をもたせるはずである。第6章で取り上げたシリアの事例に即して説明しよう。

図表6　ダマスカス首都圏総合都市計画策定調査の成果と次段階の展開

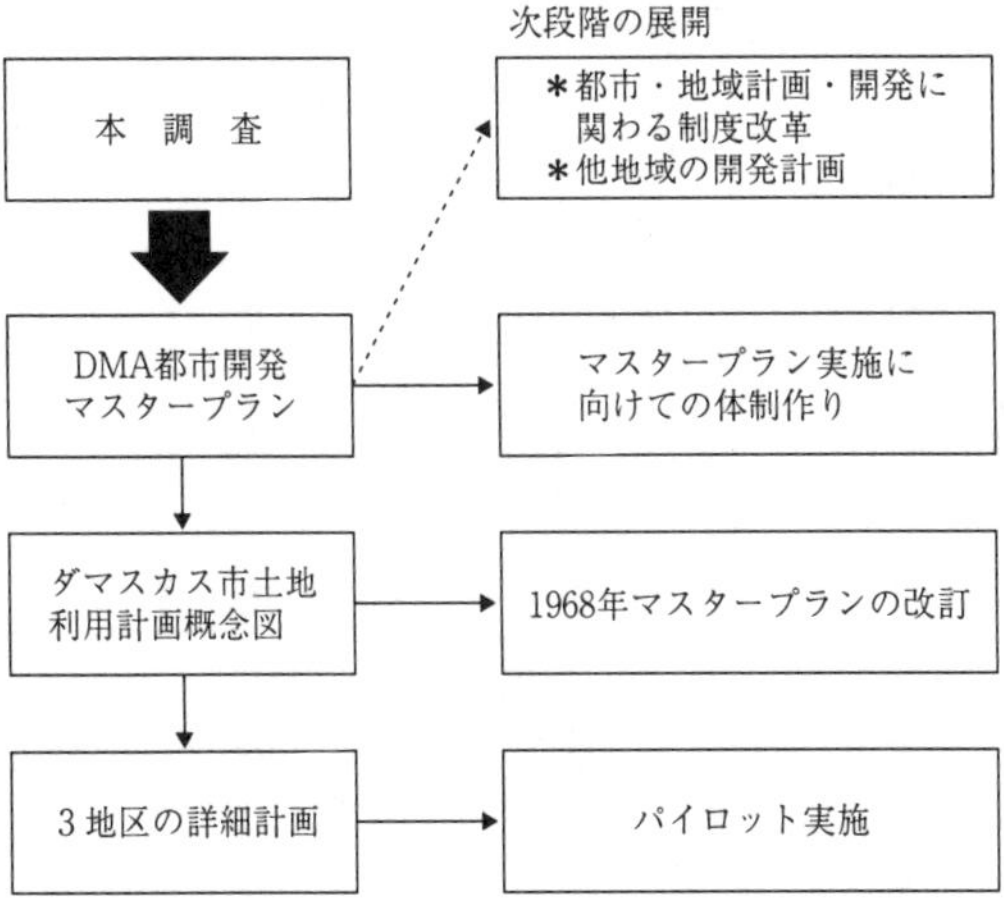

開発調査の成果まとめ

このシリア案件では3種類の目に見える成果品を作成している。ダマスカス首都圏のマスタープラン、ダマスカス市の概念的土地利用計画、およびマスタープランに基づいて選定した3地区の詳細計画である。またマスタープランの実施体制および都市・地域計画に関わる法制についてさまざまな提案をしている。これら提案は個人レベルのCDに加えて、組織・制度面でのCDを意図するものである。これらを基とし次段階での展開は、法制面の整備、実施体制の確立・強化、ダマスカス市の基本計画改訂、詳細計画に基づくパイロット実施が考えられた（図表6）。

これら次段階での活動を、都市・地域計画に関わる相手国側のさらなるCDを目的としていかに支援するかを、当調査での達成レベルに照らして検討した。そのためにまず、当調査の成果を以下のようにまとめた。

（1）マクロ・メゾ・ミクロ一貫した計画作りの実践

・ダマスカス都市化は市内からのみでは制御できないという認識の共有

・シリア社会経済発展につき国家計画委員会（SPC）の予測とすり合わせ

・ダマスカス首都圏を除く5地域の社会経済発展の方向付け

（2）都市・地域計画に関わる法制改革のための提案

・EUの支援で実施中の地方自治体行政近代化（MAM）プロジェクトによる提案とのすり合わせ

・ドイツ技術協力庁（Gtz）による新規案件、都市開発プログラム（UDP）へのつなぎ

・UNDPによる戦略的都市開発プログラム（SUD）との連携

（3）ダマスカス首都圏都市開発マスタープランの策定

・水資源からみた人口扶養能力についての認識の浸透

・20世紀型のメガ都市ではなく文化都市を目指すことへの認識の浸透
・経済効率、人間の安全保障、文化都市の3概念による都市構想の共有
・伝統的緑地（グータと呼ぶ）に残された緑地および流域保全地区の開発・規制のための法制提案
・GISを活用する計画作りの実践

（4）ダマスカス市の土地利用計画概念図の作成
・1968年のマスタープラン全面改訂の第一歩

（5）マスタープランによって認定した3地区の詳細計画作成
・非公式居住区、都市遺産保全区につき参加型を反映した計画作りの開始
・GISを活用する計画作りの例示
・実施を視野に入れた計画作りの実践

協力継続の方向性と課題

当調査の成果を踏まえて、以下の活動がシリア側で実施されることが期待された。

（1）国レベルでやるべきこと―都市・地域計画に関わる法制面の改革

（2）他地域についてやるべきこと—それぞれの地域開発計画の策定

（3）ダマスカス首都圏でやるべきこと—マスタープラン実施体制の確立、マスタープランの実施

（4）ダマスカス市内でやるべきこと—1968年マスタープランの改訂、非公式居住区、都市遺産保全区の参加型計画・実施の継続・推進

これらを支援するため、JICAによる今後の協力として以下の業務が考えられた。

（1）ダマスカス市内地区開発のパイロット実施—本調査で詳細計画を作成した非公式居住区、都市遺産保全区のいずれか、あるいは両方（JICAしかできない）

（2）ダマスカス市マスタープラン改訂へのアドバイザリー—EUのMAM、GtzのUDP、UNDPのSUD等との協調

（3）他地域の地域開発計画作りへのアドバイザリー—都市域についてはUNDPのSUDと連携、地方分権の制度面についてはEUのMAMと連携（JICAに優位性あり）

（4）国レベルの都市・地域計画に関わる法制面改革に対する支援—EUのMAM、GtzのUDPと連携（EUのMAMが中心となって援助協調）

このうち（1）は個人から組織、（2）と（3）は組織から制度、（4）は制度レベルで

のＣＤといえる。

以上のようなＪＩＣＡ協力が成り立つためには、シリア側が満たすべき前提条件がある。以下の課題にシリア側が対処することが必要と指摘した。

（1）プロジェクト実施体制の確立―マスタープランで提案しているダマスカス首都圏（ＤＭＡ）評議会および常設のプロジェクト・マネジメント・オフィス（ＰＭＯ）のような組織がプロジェクト開始までに確立されることが理想。現実には本調査の実施体制不備から教訓を得て何らかの改善策が取られることを期待。

（2）シリア側のカウンターパート資金の手当て―特にパイロット実施にあたって費用の一部負担が望まれる。

（3）他地域の地域開発計画―シリア側主導で作成することが望まれる（ＪＩＣＡ協力はアドバイザリーにとどまる）

これらの課題にシリア側が応えることとは、次段階でのＣＤ効果を確かなものとするために必要であり、また当開発調査で達成したＣＤ効果に鑑み可能であると判断した。

官民パートナーシップの実践

右に述べたように開発調査を通じて次段階の技術協力プロジェクトを形成することが基本形となってくると、開発調査の実施において官民パートナーシップを発揮することは必須となるだろう。より良い技術協力プロジェクトを形成するためには官民連携が欠かせない。その技術的内容につき情報を提供するのは開発コンサルタントの役割である。その内容が開発調査で達成されたCD効果に照らして適切かどうかは基本的に官の判断領域であろう。その判断が可能であるためには、開発調査実施中の官民連携、特に情報交換が十分になければならないはずである。パートナーシップの基本は、関連情報の共有に他ならない。

3. JICA、JBIC統合への期待と不安

統合はODA改善の出発点

日本のODA実施を担当する2つの機関が統合されることが決まったからには、これをODA実施の改善に結びつけるべく努力をするしかない。この決定がどのような機関によっていかなる手順で行われたかの詳細を私は把握していないが、いずれにせよODA実施

の現場事情に疎い人たちが決めたことは間違いない。ODA改革については政府が設置した委員会等で長く検討されてきたが、そのような委員会に開発コンサルタントの代表が参加したことはただの一度もないという事実だけはもう一度確認しておきたい。

JICA・JBIC統合をODA実施の改善のきっかけとすべく建設的な提案をすべきときであり、批判をしても始まらない。統合はODA改善への出発点に過ぎない。

JICAの組織文化

JICAはその硬直性をしばしば指摘される。しかし、実は変わり身の速いところもある。私のみるところでは、変革の機運が内部から、あるいは下から盛り上がるとき、それがなかなか実現せず硬直性を感じていると突然変わることがある。したがって我々も硬直性に日々悩まされながらも、ことあるごとに建設的提言によって働きかけ続ける甲斐がある。一方、変革が外から、あるいは上から指示されるとき、変化は速いが必ずしも好ましい方向の変化とならない嫌いがある。これはまあいえば組織文化である。

今回のJBICとの統合は外から与えられた変革であるから、これが好ましい方向の変化に結びつくか懸念されるところである。しかもJBICというまったく組織文化の異なるものとの統合である。これから長く見守って建設的な提言をし続けていかなくてはならないと思っている。

統合効果への期待

懸念をまず表明してしまったが、期待するところももちろん大いにある。以下のような点は一般に期待されるところだろう。

まず技術協力と円借款との組み合わせによって、より効果的なＯＤＡ実施が期待できる。これを円借款の側からみると、世界銀行やアジア開発銀行（ＡＤＢ）等と同じように円借款案件に技術協力（ＴＡ）を組み込んでより効果の高い実施案件とすることができる。円借款によるインフラ施設建設に施設運用の訓練を組み合わせたり、組織強化への助言をしたりすることである。これはいわば円借款案件ありきのアプローチであり、その効果は限界的である。またいかなる技術協力を組み込んで円借款案件を実施するかが肝要である。

改善は開発調査次第

より本質的な改善はより良い円借款案件の形成に求められる。これは基本的に開発調査の役割である。開発調査を通じてより良い案件を形成するとともに、その実施条件を整えることが望ましい。より良い案件とは実施効果の高い案件のことであり、そのような案件を相手国側と共同で形成することを通じて、まず実施の機運、実施への動機付けを高めることができる。

相手国側が自ら実施するためには実施条件を整えていかなくてはならない。その条件には自らの実施能力の向上、組織強化、さらには制度整備も含まれるかもしれない。そういう面に対する意識向上を図ることも開発調査の重要な役割である。円借案件ありきで実施しようとして実施機関スタッフの能力不足、組織の弱体、制度不備に直面して対症療法を取るよりもずっと良いはずである。

ODAの実施効果向上が論議されて久しいが、より良いODA案件を形成することが基本であることに異論は無いだろう。より良い案件とは技術的に優れているだけでなく、組織・制度等を含めて実施条件が整っている案件である。何よりも相手国側が主体的に実施しようとする案件である。それならば開発調査を通じて実施条件を整えつつ案件形成することがODA効果の向上にとって肝要であることは言を俟たない。

実施からのフィードバック

円借款による実施からのフィードバックを活かしやすくなることもＪＩＣＡ・ＪＢＩＣ統合の利点となりうる。より精緻な計画に多大な時間をかけるよりも、実施してその効果をモニターし、さらなる実施に活かすことが大切であることはパイロット事業でも円借款案件でも同じである。実施効果を高めるための技術協力や状況の予期せぬ変化等に対処する案件形成のための新しい開発調査等のニーズが明らかになるはずであり、これに機敏に対応することが可能となるだろう。

実施案件にはモニタリング・評価が不可欠である。その結果に基づく追加支援はさまざまな形を取りうるので、統合によって臨機応変な対応を取りやすくなることが期待される。技術協力の評価も実施との関連で評価の視点がより明確になるはずである。ＣＤの観点によれば技術協力、円借款共通の評価システムが構築できるかもしれない。ただし経済開発効果をはじめとして円借款インフラ案件に独自に求められる効果の評価はまた別であろう。

開発調査の技術協力化

さて右記の不安につき具体的に論じよう。まず右に述べた円借款案件ありきのアプローチによって、開発調査が世銀やADB等の技術協力化する懸念である。特に資金協力を正当化するための簡便な「マスタープラン」作りに対する懸念がある。開発調査で実施するマスタープラン調査は投入量が大きくそれ自体効果が目に見えにくいのに対して、簡便マスタープランは短期間で実施して円借款案件の実施に結びつき直ちに効果が期待できる。

このような簡便マスタープランは、世銀やADBが実施しているものである。短期間の現地調査で作成され、相手国側は単なる便利な情報源として使われるだけであり、JICA調査のような相手国側との共同による計画作りは期待すべくもない。実際私がみる限り、短期の現地調査で使える情報は何でも使って「マスタープラン」の体裁を整える趣が強い。ときには対象地区で住民参加によってワークショップを実施することもあるが、これも使える情報を入手する手段としかならず、悪くすると1回限りの聞きっぱなしである。このような「住民参加」は住民側の期待のみ高め、実施の段階になってむしろ問題を生じがちである。

視野の狭い簡便マスタープランは対症療法の域をでない。これはJICAによるマスタープラン調査と対極にあるといっても過言ではない。円借款案件ありきのアプローチによってマスタープラン調査を便宜的なものとすること、開発コンサルタントを便利屋にしてしまうこと、これらは何が何でも避けなければならない。

形成調査の再構成

ＪＩＣＡ、ＪＢＩＣ共に独自の形成調査の仕組みを有している。ＪＢＩＣは、円借款対象案件を形成するための特別支援ファシリティであるＳＡＰＲＯＦのほか、実施案件を推進するためのＳＡＰＩ、実施案件の効果を高めるためのＳＡＰＳというプロジェクト実施の段階に応じた技術支援の仕組みをもつ。さらに、開発コンサルタントのみならずＮＧＯや研究者等から広く円借款案件のアイデアを募り形成を支援する発掘型・提案型案件形成調査も数年の実績をもっている。

統合に際して、これらをＪＩＣＡ形成調査と合わせて再構成しようとしている。ＪＢＩＣは円借款の実施が業務であるから、その対象案件を形成するという明確な目的があり、その形成調査も実施を推進するために実施条件を整えることを主な目的として実施する実務的な内容のものである。これはプロジェクトありきのアプローチであるが、対象案件の基本的な健全性が確保されているという前提では効果的なアプローチといえる。

しかしながら案件の基本的健全性を確保するためにどうすべきか、これは別の話である。フィージビリティ調査はこれを確認するための一方法であるが、影響の大きい大規模インフラ・プロジェクトでは必ずしもこの確認はできない。フィージビリティ調査は、限界的影響に基づいて健全性を評価するものだからである。プロジェクト・サイクルの上流域での形成調査によって、直ちに円借款対象案件としうるものと実施の前提条件を整えるために開発調査が必要なものとを整理することが必要である。

日本のODA協力文化への影響

ＪＩＣＡ・ＪＢＩＣ統合によって最も懸念されるのは、日本のＯＤＡ協力文化に与える影響である。ＪＢＩＣあるいはその前身であるＯＥＣＦによる円借款が、東アジアの奇跡とも呼ばれる効果を挙げた諸国をはじめとして多くの国での高い経済成長に大きな貢献をしたことは、関係者の間ではすでに確立した事実といってよい。しかしそのような成功例の基には、ＪＩＣＡ開発調査をはじめとする地道な調査があったことを忘れてはならない。特に大きな成功例であるインドネシアのブランタス川流域開発やタイの東部臨海開発等は、長年にわたって開発調査と円借款による実施とを繰り返して大きな効果を挙げてきた。

これらの事例では、マスタープラン調査から個別案件のフィージビリティ調査・設計調査、案件の実施から管理まで長年にわたり継続的にＯＤＡによる協力を実施したことが大きな効果につながったといえる。その間、日本の開発コンサルタントが継続的に現地にいたのである。このことが援助効果を確かなものとし、また顔の見える援助に貢献したといってよい。

日本のODAによって実施された問題インフラ案件がないわけではないが、日本のODAは総体として相手国に良い影響を与えている。ODAインフラがその主役のように論じられがちだが、日本のODAの特徴は人にあるのである。国際援助機関のスタッフやそれに雇われた欧米コンサルタントが、ややもすると高みに立って教えを垂れる趣があるのに対して、日本のコンサルタントは現地の人々と同じ地面に立ち、同じ目線で物事をみて、共に課題に取り組む。これぞ日本型開発コンサルティングと私は思っている。

このような地道な取り組みがあって、ODAインフラの効果が確かなものとなるのである。開発コンサルタント等による人のつながりがあって、顔の見える援助となるのである。日本の援助の特徴はODAインフラそのものにあるのではない。ODAインフラを支える人にあるのである。そして人を介する開発効果は、開発調査をはじめとする技術協力において最も直接的に発揮されるものである。

第8章　これからの開発調査と開発コンサルタントの役割

1.　戦略的援助のための開発調査

戦略的援助ということ

財団法人国際開発センター（ＩＤＣＪ）の育ての親ともいわれ、２００６年10月に亡くなられた河合三良氏は「戦略的」援助という言い方に拒否反応を見せていたそうである（「国際開発ジャーナル」２００６年12月号）。河合氏は「なぜ援助をするのか」との問いに対して「ノーブレス・オブリージュ」という明確な意識をもたれていたようだ。つまり高い地位にあるものは、それに応じて果たすべき社会的責任があるということである。私も河合氏にお世話になった者であり、それこそ「ノーブレス・オブリージュ」を体現されているかのような氏を身近にする時期があったことを幸いと思っている。

「戦略」という用語には「相手を出し抜く」といったイメージが伴う。もともと良く使われる「軍事戦略」においては、まさしくそのとおりである。相手は敵であるから、それを出し抜くのが軍事戦略である。開発援助の場合、相手は開発途上国である。駆け引きをする相手ではなく、親身になって相手に良かれと図らなければならない。確かに戦略的援助とは誤解を招きがちな用語である。

そもそも日本社会では「戦略」という用語は、特に行政用語としてなじまないようである。日本では戦略という代わりに「方針」という。この言葉は英語にすると恐らくpolicy（政策）となる。政策というと政府特有のように聞こえるが、英語の表現としては「私のポリシー」というような言い方をふつうにする。基本的な考え方・原則といった意味合いである。このような意味での「戦略」は、開発援助にも当然なくてはならない。

援助理念と戦略

外交はもちろんのこと開発援助にも戦略が必要であることは当然のことである。これに対して援助理念ということが論じられるようになって久しい。いまやむしろ援助理念はすでに論じつくされた感がある。これまでの議論の経緯について論じるのは他に譲るが、私の援助理念についての考えを示しておきたい（橋本、１９９５年）。

「１９８０年に外務省が作成した「経済協力の理念―政府開発援助はなぜ行なうのか」

は公式文書ではないが、日本の援助の理念を始めて系統的に示したものとされる。それによると、世銀のピアソン報告等に基づいて、世界に共通する援助の理念を（1）人道的・道義的考慮および（2）相互依存の認識としている。（中略）これら二つの理念による開発援助によって抜け落ちる恐れがあるのは、環境への配慮である。」

国家が主張する正義・大義というものは所詮「個人的なもの」に過ぎず、大抵の場合それは「国益」と言い換えることができる。絶対的な正義が存在せず、相対的価値同士が相克する世界において、大切なことは可能性を狭めず後の代につないでいくことであろう。それならば、後の代につないでいくことを脅威にさらす環境破壊は、最大の不正義である。「人道」「国益」とともに「環境への正義」を第三の援助理念として確立すべきだと私は思う。

さて援助理念は良いとして、理念だけでは実施の指針にならない。理念を実施に反映するのが戦略である。相互依存の認識という理念に基づいて途上国と先進国との交易の活発化に資する運輸インフラ整備を支援するというのは戦略の例である。人道という理念に基づいて社会的弱者の立場に立つ援助をするのは、ノーブレス・オブリージュにもかなう立派な戦略である。環境に対する正義という理念に基づく援助戦略は、国土を紛争による荒廃から救う紛争予防・平和構築という形を取るかもしれない。

開発調査という戦略

開発調査の典型的な形態は、相手国側のオーナーシップを尊重し、共同作業によって相手国政府や国民のための開発計画を作成するものである。相手国側の開発に対するオーナーシップを尊重するということは、当たり前のことのようであるが現実にはいつも自動的に満たされることではなく、それなりの意識と努力が必要である。「相手国政府を自動車の運転席に座らせる」ときれいごとを言いながら、自分で勝手に運転しているような援助は決して少なくない。相手国側のオーナーシップ尊重を明確に意識することは、援助戦略の一環である。そのもとで共同作業によって開発計画を作成する開発調査は、援助戦略の実施そのものなのである。開発調査なきＯＤＡは戦略なきＯＤＡに等しいというのは言いすぎであるが、開発調査そのものが援助戦略なのである。

開発計画の作成という形の開発調査は、相手国側の開発戦略の立案を支援するものともいえる。経済のグローバル化が進むなか、ここでいう開発戦略はもともとの軍事戦略に近い意味がある。語弊のある言い方をあえてすると、多くの途上国は敵に打ち勝つ開発戦略を打ち出さなければ、グローバル経済のなかで生き残れないことにもなりかねないのである。そうならないために自立的開発のための戦略立案を支援するのが開発調査である。つまり、二重の意味で開発調査は援助戦略なのである。

JICAの「選択と集中」戦略

JICAは、効果的な開発援助のために「選択と集中」を戦略として掲げている。これにはいくつかの側面がある。まずすべての国々に平等に援助をするのでなく、日本との関係であるいは友好国の思惑に配慮して重点国を選んでより手厚く支援をするということがある。これは「人道」による支援には適用されないだろうが、「相互依存の認識」による支援においては現実的判断としてあってよいことである。欧米のかつての宗主国が各々のかつての植民地に重点的な支援をするのに対して、日本として独自の判断が当然あるべきである。広く薄く支援をすること、あるいは援助のバラまきをすることは効果的な援助にはつながらない。

この「選択と集中」戦略が効果を挙げるためには、1つの前提が満たされなければならない。当然のことながら、高い援助効果が期待できる対象をいかに選択するかである。一般論としては、高い援助効果が期待できる対象を特定するために開発調査が必要なのである。開発ニーズの高い分野が自明の場合ももちろんある。多くの途上国において、基礎教育や保健・医療分野はいつでもニーズが高いだろう。ただしいくら優先度が高くても、分野を狭く定義して選択することは必ずしも効果的な援助にはつながらないことに注意する必要がある。第2章2節に述べたように、セクター包括アプローチ（SWAP）は実はマルチセクターアプローチなのである。

「選択と集中」戦略のもとで援助効果を高めるもう1つの方法として、マルチセクター（業際分野）を優先セクターと認定して集中支援することが考えられる。たとえば、水資源開発・管理や都市・地域開発・計画を優先対象分野とするのである。水資源開発・管理には、すべての産業分野、社会・環境、政策・制度等が関わる。これらを水資源という切り口で捉えて開発効果を総合的に高めることを狙うことができる。都市・地域開発・計画は、相手国の国土開発およびマクロ社会経済から、地域開発および地域社会経済、さらには都市開発および都市社会経済まで広く相互関係を捉え、開発計画の立案およびそれを支える政策・制度面につき支援するための対象と捉えることができる。

一方、運輸インフラ、あるいはさらに狭い道路セクターというような対象の選択では、必ずしも集中による援助効果は期待できないかもしれない。運輸インフラにせよ道路にせよ、何を目的とするかによって対象を定義しなくてはいけないだろう。援助効果を高めるための「選択と集中」戦略ならば、いかなる目的に照らして援助効果を測るべきかが問われなければならない。貧困農民のマーケットへのアクセスを改善する地方道路と、グローバル経済とのリンクを強化するための広域高速道とでは目的がまったく異なるわけである。目的を明確にせず運輸インフラあるいは道路分野を優先分野として選択するというようなことは、あってはならない。

国別援助計画の必要性

1997年4月に入ってすぐ、私はIDCJの河合会長からODA改革についての提案を求められ、直ちに数ページの提案を送った。そのうち国別基礎計画調査の導入についての提案は、ODA改革懇談会（第一次）の河合座長に第一優先で取り上げていただいた。重点国を中心として1年度に数カ国ずつ選んで、各国につき開発ニーズ・優先度の評価およびそれに基づく援助対象の形成を図る内容であった。その後実施に移された国別援助計画作りと軌を一にする提案である。違いは、援助機関職員や先生方も交えた委員会（タスクフォース）方式と開発コンサルタントへの委託調査（開発調査）とを組み合わせるのが私の提案だったことである。援助戦略を反映し援助対象を特定するためには、開発コンサルタントの関わりが不可欠であり、それは開発調査の仕組みによるのが良いと考えていた。

何か新しいことを始めるに際して、失敗を恐れるあまり、まずあまり金をかけずにやってみるという性向は官側においては特に強いと私は思っている。国別援助計画作りも、気が付くと援助機関の職員と先生方で金をあまりかけずにやっていた。結果としてあまり役に立たない「計画」が作成されたとしたら、それ自体無駄であるにとどまらず、所期の目的を裏切ることになる。

国別援助計画作りの第一歩は、現地ODAタスクフォースによる第一次案作成であるという。現地大使館が主導しJBIC、JICA等の現地事務所が参画する計画案作成は、国民参加によるODAの考えからは外れているが、これは全体の仕組みから論じなくてはいけないだろう。現地タスクフォースには相手国政府機関に派遣されているJICA専門家も参加すると想定されるが、この体制でいかなる計画案を作成しうるかは、JICA専門家および調査団を含めて民間の専門性がどこまで反映されるかによるだろう。

第一次案作成にあたっては東京タスクフォースも関与するとのことであり、そのなかには5~6名のコアメンバーや実施機関のほか、専門別アドバイザーも参画するとのことであった。私は、2003年4月に外務省が開催した「対スリランカ国別援助計画策定のための意見交換会」に参加した。そこで示された東京タスクフォースによる第一次ドラフトが示す開発援助の方向性は、「経済開放化、貿易自由化のもとで、ほとんどの中小途上国に当てはまる」ものであると感じ、その旨発言した。

私はそれに先立つこと約2年前、スリランカの南部地域を対象として地域総合開発計画を作成する技術協力に携わっていた。その具体的内容がどのように反映されたか知りたく質問を重ねたが、東京タスクフォースの絵所座長に「大変優れた内容で、参考にさせていただきました」と軽くかわされてしまった。

第一次案は、東京タスクフォースが関係省庁、有識者、経済界、NGOとのワークショップを開いて検討することとなる。これはスリランカの例のように公開で行われるものと思われるが、この例のように100名近い参加者では討議をするところまではいかず、意見を聞きおく場にとどまるきらいがあるだろう。現地タスクフォースもドナーも交えてワークショップをするとのことであるが、恐らく機能しないだろう。このような過程を経て第二次案が作成され、関係省庁との調整とともにODA総合戦略会議に報告されるとのことである。

国別援助計画策定の基本

国別援助計画を策定してそれに沿って一貫性のある援助を実施することは、援助効果を高め「顔の見える援助」にもつながりうる。JICAとJBICとが統合されることによって技術協力と円借款とを連携させて援助効果向上を図る態勢ができたからには、その必要性はますます高まったといえる。一貫性があり効果の高いODAのためには良い国別援助計画を立てることが当然の前提である。そのためには金をかけて開発コンサルタント等を雇い、必ず良い計画を策定しなくてはならない。特に開発コンサルタントは専門性をもちODAの現場経験が豊富であるだけでなく、計画作りの技術をもっている。実施機関が具体的なODA案件を計画するための基盤となる国別援助計画ならば、その策定に開発コンサルタントが参画することは不可欠と思える。

タスクフォースの仕組みと、当該国でのプロジェクト経験が豊富で計画技術をもつ開発コンサルタントを主体とする開発調査とを組み合わせることによって、実施機関に対してより具体的な指針を与える国別援助計画が作成される、と私は信じるものである。現地タスクフォースによるワークショップでも、開発コンサルタント等の現地作業期間中に集中して実施することによって、より実質的な議論ができるはずである。

またタスクフォースと開発コンサルタント等への開発調査とを組み合わせることによって、国別援助計画をオールジャパン体制によって策定することが可能となるだろう。東京タスクフォースを通じて各界のあらゆる人が開発コンサルタント・チームに情報・知恵を提供することができる。途上国の政府や民間だけでなくＪＩＣＡ派遣専門家の意見も開発コンサルタントが引き出しまとめることができる。このような実施体制は開発コンサルタントと先生方との交流をより実質的にする場ともなり、双方が互いに学びあうことによってＯＤＡの質向上にも資するだろう。また、ＯＤＡ総合戦略会議を国民に開かれたものとしていくことにもつながるはずである。

開発コンサルタントはＯＤＡの現場で日常的にＯＤＡ案件に携わっている。そのことによって実効性のある計画作りに有用であるわけだが、と同時に現場中心で業務を実施しているためにパートタイムで日本での諸会合に参画するのは困難である。国別援助計画に参画するためには、ＯＤＡ案件の実施への参加を一部犠牲にしなければならず、そこに機会費用が発生する。したがって開発コンサルタントが参画するにあたっては技術報酬を支払う必要がある。そして金をかけるからには何が何でも良い計画を作成しなければならない。国別援助計画の策定はそれ自体、政策対話・上位計画作りという技術協力であるから、それなりの予算と体制で実施すべきである。

国別援助計画の策定およびそれに基づく一貫性のあるＯＤＡ実施は依然、試行錯誤の段階にあるといってよいだろう。ＪＩＣＡとＪＢＩＣとの統合を受けてさらなる改善の努力が持続されなければならない。それならば、とりあえず2～3カ国を対象として開発コンサルタント等への開発調査をタスクフォースと組み合わせるやり方を試行してはどうだろうか。最近、ＯＤＡの目に見える成果、効果の迅速性を強調するあまり、ＪＩＣＡによるマスタープラン調査ですらミクロに傾いてきているきらいがある。国別援助計画作りの一貫としての開発調査はミクロとマクロとのバランスを改善するうえでも意味があると考える。

2. これからのマスタープラン調査とフィージビリティ調査

マスタープラン調査の重要性

世界の援助機関はそもそも本格的なマスタープラン調査をあまり実施していないが、そのなかで世界観光機構（ＷＴＯ）をはじめとして国際機関が多少とも実施しているマスタープランは観光開発マスタープランぐらいではないだろうか。なぜかというと、観光開発には戦略的なアプローチが不可欠であることが理解されやすいからである。

特に国際観光は「移り気」（volatile）という言い方をする。たとえ一時的に観光で経済が潤っても、より条件の優れた観光地ができると人はすぐに流れてしまうことを表現している。

よほど圧倒的な観光資源をもっていない限り、魅力度を高め維持する方法を戦略的にとる必要がある。そのために観光開発マスタープランが必要と理解されるのである。しかしグローバル経済のなかではこれは程度の差こそあれ、いずれの産業にも当てはまることである。これまで繰り返し述べたとおりグローバル経済のなかで生き残るには、比較優位性のある産業を戦略的に振興する必要がある。これからはますます戦略的な開発計画が必要なのである。

観光開発も含めてマスタープラン調査はほとんどＪＩＣＡの独壇場といってよい。多国間援助機関では実施案件に伍して予算を確保することが困難であること、二国間援助機関ではそもそも日本のように潤沢な予算手当てができないことが理由であろう。結果として他の援助機関ではマスタープラン調査の経験が乏しく、ますます実施しにくくなっているといえよう。マスタープラン調査が実施できることは日本のＯＤＡがもつ大きな優位性である。

世界銀行、アジア開発銀行等の技術協力との違い

世界銀行やアジア開発銀行（ＡＤＢ）のような資金協力機関では、借款による実施案件に絡めて技術協力（ＴＡ）を実施する例が多い。たとえば上水道施設の建設に資金を提供すると共に、施設が有効に運用されるように技術訓練をしたり、また水道料金の適正化に

ついて助言したりするTAを組み合わせる。これはプロジェクトありきのアプローチである。このアプローチはときとして一見マスタープランの装いをとることがある。たとえば上水供給に関わる「マスタープラン」をTAによって短期間で作成し、そのなかで優先順位が高いと判断される案件に対して資金協力をする。

このような視野の狭い「マスタープラン」、あるいは第7章2節で述べた簡便マスタープランは資金協力を正当化するためのものであり、国あるいは地域の観点からの開発戦略を必ずしも反映しない。これは漸次的（incremental）アプローチであり、作成される計画は対症療法的（responsive）計画というべきものである。変化の多い、あるいは不透明な時代にあっては大きな方向を見誤る恐れのあるアプローチである。

セクター別にせよ地域ごとにせよ、マスタープランにおいて詳細さを求めることは望ましいことではない。それがそのまま実現できると思うのは現実的ではなく不可能といってよい。それならばできることだけを取り上げて援助案件を形成したほうが良いというのは現実論であるが、これでは戦略なき、理念なき援助となってしまうだろう。マスタープラン調査のやり方が問われるわけである。

マスタープラン調査がますます重要

日本の援助にとってマスタープラン調査がますます重要である。その現実的な意味は、これまでのJICA実績によって他の援助機関に対して優位性があること、援助協調がますます重視されるなか日本だけでなく相手国にとっても主体的な援助を導く方法でありうることである。そのための必須の条件は、マスタープラン調査を通じて相手国側のオーナーシップ確立を図ることである。JICA調査によって作成したマスタープランが相手国側の計画となることである。マスタープランに沿って相手国側が援助協調に主体的に参加することは望ましいことである。また相手国側がマスタープランに沿って他の援助機関に対して個別案件の支援を求めることはまったく正当なことである。

相手方のオーナーシップを確立するためには共同作業によってマスタープランを作成することは必須である。共同作業は当たり前のことのようであるが、これも実はJICAが最も実績をもつ方法である。第7章3節に述べたとおり、欧米のコンサルタントがともすれば高見に立って教えを垂れる趣があるのに対して、日本のコンサルタントは相手国側と同じ土俵に立ち同じ目線でみて共に考え作業する傾向が強い。これは日本型開発コンサルティングとして、もっと国際社会に対してアピールしていくべきことと私は考えている。

フィージビリティ調査が変わるということ

セクター別にせよ地域ごとにせよマスタープラン調査を実施したならば、それによって優先順位が高い優良とされた案件のフィージビリティ調査（F／S）は当然これまでのものとは違ってくるはずである。より広い判断基準によって優良とされたわけであるから、実施を前提とする調査になるはずである。簡単にいうと、優先案件の実施条件を整えるのがフィージビリティ調査とならなければいけないだろう。

すでに第3章1節で述べたように実施条件のうち最も重要なものは、相手国側のプロジェクト実施・管理能力である。これは当該実施機関の要員の能力にとどまらず、その組織能力、さらには実施に関わる政策・制度を含むものである。要するに広い意味での能力向上（CD）をフィージビリティ調査の実施を通じて図る必要がある。繰り返しになるが、このような新しいフィージビリティ調査の目的はやはりCDなのである。調査の実施を通じて相手側のCDを図るとともに、相手側の実施能力に応じた案件形成をする。またプロジェクト実施の成功に必要なさらなるCDのニーズを明らかにし、そのための施策を形成する。そしてその施策をTAとして組み込んでプロジェクトを実施に移すわけである。

このようなアプローチを取ることによって、当然のことながらまずフィージビリティ調査が実施に結びつく割合（第3章2節で論じた事業化率）は100％に近づく。次に実施の途中で相手側の実施・管理能力が不十分と判明する可能性は低くなる。そして実施された案件の効果は最も高くなるはずである。

特定案件のフィージビリティ調査を実施する前提として、その案件の優良性が広いベースで評価されている必要があり、マスタープランはそのための最も確かな方法である。しかしながら、すべてのセクターや地域につきマスタープランの存在を前提とすることは現実的ではない。費用対効果の観点から単独案件ベースの援助が検討されることもあるだろう。この場合でもまず簡易マスタープランとしてミニ地域開発調査を実施するのが良い。これはすでに制度化されている形成調査のスキームで実施できる。ただし第2章1節で開発調査の形成について論じたように、形成調査において官民連携を実体化する必要がある。要は幅広いベースで案件形成を行うことである。

このようにプロジェクト形成の初期の段階から幅広い評価ベースを維持することは、近年援助機関で採用されている戦略的環境アセスメント（SEA）と同じ考え方である。つまり最初から経済面だけでなく社会面、環境面に少なくとも同程度の配慮をすること、そして幅広いステークホールダーに関連情報を公開して討議しつつ案件形成をすることである。

地域アプローチによる開発援助

マスタープランには大きく分けてセクターマスタープランと地域マスタープランとがあるが、前者が縦割り行政になじむという現実的有用性は認識した上で、私は地域マスタープランの重要性を強調したい。地域マスタープランは必然的に多数のセクターを含むマルチセクター計画となり、実施は言うに及ばず計画の段階から関連機関の間の調整が難しい。その難しい調整をしつつ計画策定を相手国側と共同で実施するなかに地域マスタープラン調査の重要性があるのである。

セクター間、実施機関相互の調整は開発行政の重要な部分である。これを避けるわけにはいかないだろう。マスタープラン調査の共同実施を通じて行政能力の向上を図るということを前向きに捉えるべきである。それは個人の能力にとどまらず、組織能力の向上、さらには調整のための機関設置のような制度改革をも導きうる。これこそ開発調査のCD効果というものである。

これからの開発援助において地域アプローチを強調する実質的な理由としては少なくとも2つある。1つは、地域開発が貧困削減への第3のアプローチたりうることである。もう1つは、地域開発が経済グローバル化のなかで自立的発展を実現する有効な方法でありうることである。そのための地域開発マスタープラン調査の重要性は今後ますます高まると私は考えている。

貧困削減への貢献

近年援助機関の間では貧困問題が改めて中心課題として議論されている。特に後発開発途上国については、貧困削減戦略文書（PRSP）の作成とそれに基づく援助供与が主要な援助機関の間で合意されている。さらに2001年の同時多発テロは貧困問題について考えるもう1つのきっかけとなった。

貧困とは人間らしい最低限の生活をするための経費をまかなう所得が不足しているという経済問題というよりは社会問題であると認識されるようになってきている。すなわち自らの生活環境を改善するために必要な諸資源へのアクセスを否定されている、あるいは自らの生活環境改善に関わる意思決定をする機会から締め出されている、といった社会状況こそ貧困なのである。

貧困解決へのこれまでのアプローチとしては大きく分けて2つあるといえる。1つは経済成長を追求して、その波及効果（トゥリクルダウンという）によって貧困を軽減しようとするものである。私はこれをあえて世銀アプローチと呼んでいる。これが少なくとも絶対的貧困に対して無力であること、これは1970年代までの開発援助の貴重な教訓である。これを踏まえて、世銀はマクナマラ総裁のもとで貧困層に焦点を当てる基本ニーズ（BHN）戦略を打ち出した。

貧困層のBHNを充足させる直接支援を社会的セーフティネットと呼ぶ。基礎教育や保健等のサービス、雇用対策等をさす。このような支援は社会主義的体制の途上国を中心として国連が採ってきた方策であり、これを私は国連アプローチと呼んでいる。社会的セーフティネットは貧困削減のための必要条件ではあるが、それだけでは貧困層の自立的活力は生まれない。貧困問題が改めて開発援助の主要課題として論じられるようになったということは、世銀アプローチ、国連アプローチともに十分な効果をあげ得なかったということである。

経済成長の波及効果に期待するだけでなく、また社会的セーフティネットを強化するだけでなく、貧困層の生計を支える活動が必要なのである。しかしながら貧困層の生計を支える持続的仕組み（公にされた政策・制度）は、貧困層がそれを当てにすることによってむしろ貧困状態の持続を招きかねないことは、これまでの開発援助のもう1つの教訓であろう。貧困削減のためには貧困層による生計活動が自立的開発につながっていくことが必要である。つまり生計活動を活力ある経済活動へと育てる支援が求められるのである。

地域社会を介して貧困層による生計活動を活力ある経済活動へと発展させ、願わくはグローバル経済につないでいくのが、これからの地域開発の課題と私は考えている。すなわち、波及効果に期待する世銀アプローチ、社会的セーフティネットによる国連アプローチに対して、地域開発は経済のグローバル化のなかでの貧困削減への第3のアプローチである。そのためには貧困地域において地場産業を育成し、これに関連させて貧困層による生計活動が成り立つように制度およびインフラ面での支援をすることである。

自立的発展の支援

第5章1節で論じたように、経済のグローバル化は価格優位性に基づく一人勝ちの世界を助長しかねない面がある。経済のグローバル化は経済効率を追求するものであり、経済効率は限られた資源の有効利用をもたらすものであると述べた。したがってこれを否定することは建設的な議論につながらない。しかしながら経済効率の追求だけでは勝者と敗者とが峻別されてしまい望ましくないというのが議論の出発点である。ではどうしたらよいのであろうか。

さまざまな面でのグローバル化は、個人による対応（制御は言うに及ばず）の範囲を大きく超えている。例外の1つはインターネットによる情報の入手であろう。通信分野のグローバルな力・構造におおむね妨げられることなく、誰でもが個人として望む情報を得ることができる。いわゆる検索エンジンの仕組みは一般には知らされておらず、情報の入手に偏りが生じるかもしれないが、少なくとも個人の日常には影響を与えそうもない。ただし情報の発信となると話は別で、通信インフラに支えられた世界に向けての情報発信は個人には限界がある。

グローバルな金融を活用して資産運用ができる限られた個人もいるようだが、これも例外的である。他のほとんどの面ではグローバルな力・構造に対して個人はあまりに無力である。グローバル化に個人が埋没しないためには、何らかの仕組みによる制御された対応が必要なのである。上の情報発信の例ならば、インターネットは1つの有効な仕組みである。インターネットを介したバーチャルコミュニティが環境問題等に世界的影響力を発揮しうるのもグローバル世界かもしれない。

前置きが長くなったが、グローバル経済に対しては個人ではなく地域社会を介して対応した方が良い、というのが私の基本的考えである。地域開発の基本的考え方は、地場資源の地域住民による地域住民のための活用である。つまり資源の有効利用という経済効率一辺倒の考え方に対して、資源の配分に配慮しうるのが地域社会という仕組みなのである。

第5章1節に論じたとおり、価格による競争優位性がなくても比較優位性を確立することはできる、というのが国際分業の根拠である。さらに個々の産業や製品としては価格優位性がなくても関連産業や製品群全体として比較優位性を確立・強化しうる。これが産業クラスターによる比較優位性の確立・強化の根拠である。産業クラスターによる自立的な地域開発を支援することは、経済のグローバル化のなかで開発コンサルタントが果たすべき重要な役割と私は考えている。

貧困削減のためのODAインフラ

以上のまとめとして、近年論じられている貧困削減のためのODAインフラの役割につき私の考えを示しておきたい（「国際開発ジャーナル」2004年6月号）。まず貧困削減のためにはある程度の経済成長が必要であることは、援助関係者の間ですでに広い合意を得ているといってよい。したがって経済成長を支えるインフラ整備をODAで実施すべきである、というのは論理的ではあるが危うい論理である。

この命題を裏返すと、純粋な所得再配分だけでは貧困削減は実現されないということである。それは所得配分を妨げる仕組みや社会的モメンタムがあるからであり、それを乗り越えて貧困削減を実現するための必要条件として経済成長があるということだろう。これは貧困削減策を取る余力を確保するために経済成長が必要というだけのことではない。経済成長そのものが貧困削減に資するもの（いわゆるpro-poor）でなくてはいけない、というのが開発援助の潮流の帰着点であろう。

トップダウンの経済活動による波及効果だけでは、効果的な貧困削減は期待できない。ボトムアップの生計活動が貧困削減の基本であるが、それだけではグローバル経済の力・構造に対応し得ない。生計活動を支援し活力ある経済活動への発展を図りながら、それらをグローバル経済へとつないでいくための準備をしていくべきである。

貧困地域において地場産業を振興するとともに、これを貧困層による生計活動とリンクするインフラ整備および制度支援を組み合わせて、地域経済の基盤を強化してグローバル経済に対応する必要がある。言うは易く実現の道筋は明らかではない。この実現の道筋を描きつつ生計活動を支援することこそ、貧困削減のためのＯＤＡの役割である、と私は考えている。これは簡単にいうと、生計活動を支援する小規模プロジェクトを実施しつつ、その拡大と反復によって成立していく経済活動を支えるインフラ整備を併行して進めるということである。ここに貧困削減に資する（pro-poor）経済成長のためのODAインフラの新しい意味がある、と私は考えている。

3. 開発コンサルタントの役割

過渡期にある開発調査

ODA予算の削減が続いている。そのなかで比較的小さな比率を占める開発調査の予算は激減している。1件あたりの調査経費にははっきりした減少傾向はみられないが、その内容は変化している。端的にいうと内容がミクロに偏ってきている。内戦や自然災害からの復興支援は、壊れたものを復旧することをはじめとして被害者を直接支援するものであるから当然ミクロである。それ以外の開発調査においてもODAの目に見える成果や迅速性を強調するあまりミクロに偏ってきており、その典型的表れはパイロット事業である。

第1章2節に論じたとおり、同じ予算で緊急対策やパイロット事業に関わる経費がまかなわれるため開発調査のコンサルティング部分が圧縮される。そのなかで緊急対策やパイロット事業の実施管理もするため、コンサルティング業務に活かされる調査経費はさらに圧縮される。一方開発調査によって初期のCD効果を図るとともに、さらなるCDのためのニーズを明らかにして技術協力プロジェクトによってフォローする事例が増えつつある。

内戦や自然災害からの復興支援を単なる緊急支援にとどめず、その後の自立的復興・開発へとつないでいくことが望ましい。そのためには復興支援を開発調査の形で実施し、緊急支援を通じてその後の自立的復興・開発のための仕組みづくりをしていくこと、また中期的な支援策を形成することが必要である。

パイロット事業や技術協力プロジェクトの費用対効果を高めるためには、開発調査におけるコンサルティング業務の質が鍵となる。一部にみられるパイロット事業ありきの開発調査では、限られた予算がますます窮屈になり開発コンサルティング業務が妨げられかねない。開発調査による計画を通じてパイロット事業を形成し、その実施をモニターしつつ計画にフィードバックするべきである。技術協力プロジェクトによるフォローは、その内容が開発調査によって適切に定められることによって初めて高い効果が期待できる。

以上に述べたことはすべて、ODAの質向上のために開発調査が鍵を握っていることを示している。第8章1節に述べたように、開発調査は援助戦略の実践そのものなのである。然るに開発調査におけるコンサルティング業務部分が二重三重に圧縮されている現状は憂慮すべきものである。

開発コンサルティングの危機

このことがどのような結果を生じているかについて、私は「悪貨が良貨を駆逐する」と表現している。言い換えるとODA実施がどんどん素人の世界になってきている。その典型的現われとして次のようにいえる。パイロット事業の形成は参加型によって開発コンサルタントの専門性を必ずしも活かさなくてもできる。パイロット事業の実施管理は資金管理のみ重視され、技術面があまり省みられない。開発調査を技術協力プロジェクトにつなぐことは重視されるが、その内容を規定しているはずの調査報告書の質は省みられない。

これは悪い面ばかりを言っているのだが、これが安い技術報酬額と組み合わされると結果ははっきりしている。コンサルティング企業としては、安く使える素人を雇うのが正解となるだろう。その兆候はすでに見えている。ただでさえODA実施を支える人材不足が言われ続けていた日本のODA世界である。人材不足が解消する前に、質の高い人材が必要なくなる状況になりつつあるかのようである。

日本のODAは初期より実直なエンジニアが支えてきたといってよい。大規模インフラ・プロジェクトの開発調査ではさまざまな専門性をもったエンジニアたちが現場で協力する必要があったが、今はそのような状況はほとんどなくなっている。現場における優れた技術の継承が危機に瀕している。極端な話として復興援助やパイロット事業の管理ならば素人1人で済むともいえる。これを若手エンジニアが担当しても、技術を磨くことにはつながらない。

ODA実施を支える人材不足と言ったとき、優れたエンジニアに対して優れたソフト面の専門家が不足しているというのが少し前の状況だった。いまや優れたソフト面の専門家は不足どころか御用済みになったかのようだ。開発コンサルタントに最も求められるのは戦略的発想であり、水平思考である。しかしいまや戦略も何もなくても復興支援に携わることはできるし、パイロット事業の参加型形成・資金管理もできる。ついでながら私は海外コンサルティング企業協会の研修で「開発計画・開発戦略」を担当したことがあるが、いつも人が集まらない。開発戦略などという難しいことを考えなくてもODA実施に参加できるのである。

前節に述べたとおり、JICAによるマスタープラン調査は日本のODAの大切な優位性である。初期のマスタープラン調査への参加を通じて戦略的思考を磨いた開発コンサルタントも少なくないだろう。その世代が実はもう次第に引退していっているのである。技術の継承の危機はエンジニアリングにとどまらない。現在の状況があと5年ほども続いたならば、ODA人材の質は壊滅的に低下し簡単には取り返しがつかなくなるだろう。今回のJICA、JBIC統合が優秀なエンジニアと優秀な計画屋の最後の息の根を止めることにならないよう心より願っている。

ODAの質向上のための人材育成

ODAの質向上のためには人材育成が不可欠である。そのための最も効果的な方法は、ODA実施に参加することを通じて人材育成を図ることである。パデコ社長の本村雄一郎氏の言うとおり、求められているのは大学が教育した開発予備軍ではなく、優れた技術と知見をもち、その上で開発協力の世界で働きたいという強い意思と意欲をもったプロフェッショナルである（「国際開発ジャーナル」2002年6月号）。このような人材は開発協力の現場における実地研修（OJT）によってのみ育成できるのである。

第7章3節に述べたように、人のつながりは効果的な開発援助の要であるが、これは相手国側の人々とのつながりだけを意味するものではない。日本側のODA人材のつながりによって技術が継承されていくこと、さらには相手国側に誠意をもって対応し共同作業を通じてCD効果を上げる日本型開発コンサルティングが伝わっていくことが大切である。

開発調査はODA人材の育成においても重要な役割を果たす。フィージビリティ調査がエンジニアリング技術の継承に役立ってきたことは紛れもない事実である。マスタープラン調査は戦略的発想や水平思考を磨く上で絶好の機会でありうる。そのようなエンジニアリング技術やソフト技術の継承があって、初めて効果的な開発援助を実施し続けることができるのである。

「国民参加によるODA」という考えをはき違えて、ODA実施を素人の世界にしてはいけない。開発協力に対して強い意志と熱意があることはODAに携わる上で当然の前提であるが、それだけではすまないのがODAの世界である。本書の冒頭に述べたとおり、開発協力への意志と熱意をもったうえで、技術と専門性をもって協力の効果を挙げるために職業としての開発コンサルタントが存在するのである。技術を継承し発展させること、専門性を磨くこと、これらは開発コンサルタントにとって死活的に重要なことである。

すでに述べたとおり、開発調査は相手国側のオーナーシップを尊重し共同作業によって開発計画を作成する援助戦略の実施そのものである。また経済のグローバル化のなかで、途上国が生き延びるための開発戦略立案を支援する方法である。さらにより良いODA案件の形成、より高いCD効果の実現等を支える開発コンサルタントに技術を継承し専門性を磨き、ODA人材の育成を図る場を与えるのである。そしてそれが日本ODAの質向上を支えるのである。

あとがき

本書は私にとって5冊目の書下ろしであるが、執筆依頼をいただいて書いた最初の本である。これまでの4冊は出版社を探すのに手間取り、執筆を開始してから出版されるまで2~3年かかっていた。今回は執筆を開始してから出版まで1年以下で、誠にありがたいことである。

最初に執筆を打診されたのは2007年4月だった。正式に書面で執筆依頼をいただいたのは7月下旬で、私がシリア出張に出かけた直後だったため、9月初めまで依頼は私に伝わらなかった。その段階で11月末の原稿締め切りを守ることはできないと判断し、2008年5月末の締め切りにすることをご了解いただいた。

それ以降4件のJICA案件で総括責任者を務める傍ら、暇を見ては細々と執筆を続けた。5月末の原稿締め切りまでに、シリア・カザフスタン・パプアニューギニア・アフガニスタンに6回計5カ月間出張をした。途上国の現場でも週末に時間があれば執筆をしていた。日本にいた短い期間では担当案件の国内作業やプロポーザル書きをしつつ、JICAの方々をはじめとして関係者に資料をお願いしたり聴取をさせていただいたりした。

このような内輪の話を書いたのは2つの理由による。1つは本書の内容や語調に一部不統一があり、重複も少し多めであることの言い訳である。上のような状況で少しずつできるところから部分ごとに書き進めた結果であり、内容が整理されていないために読みにくいとしたら誠に遺憾である。本書に期待していただいている関係者の方々には、ご期待に最高の水準で応えることができず申し訳なく思っている。この間の状況において私がなしえた最善の結果が本書であることをもって、ご容赦いただけるよう平にお願いするしかない。

もう1つの理由は、ODAに携わる開発コンサルタントの生活がときとしていかに常識を超えたものとなりうるかを、多少とも感じ取っていただきたいことである。途上国の現場で開発協力を実践するということは、途上国に長く滞在し困難な条件のもとで相手国側の人々と共に日々力を尽くすということである。これを人的貢献と呼ぶのに何の躊躇も不要だろう。日本の国際協力のために人的貢献が必要と議論するのならば、自衛隊の派遣ばかりでなく、いかに開発コンサルタントを活用するかを議論しなくてはいけないはずである。

２００６年10月に母の介護手伝いを終えてからの日々は、そのような開発コンサルタントとしても我ながら少し異常といってもよい日々だった。連続出張は本書が出版される9月まで5カ国21回に及び、出張日数は４３０日あまりになる。特に昨年の4月以降、出張の合間に日本に2週間続けて滞在したことはなく、これは出版の日まで継続している。この間、相手国政府に提出した文書は公式報告書だけでも２０００ページを軽く越える。

建設業を形容する表現として３Ｋということがいわれる。「きつい」「汚い」「危険」である。開発コンサルタントについては冗談半分で４Ｋといっており、これに「家庭崩壊」が加わる。熱意とか使命感とか言う以前に、基本的に好きでなければやっていられない仕事といってよいだろう。このような国際協力への人的貢献に対して、もう少し社会的支援があってほしいと思う。いやそれ以前に少なくとも社会的認識があってほしい。そうでなければ、夢と希望そして熱意をもって開発協力に参入しようとする若者が気の毒というものだ。

本書の執筆にあたっては、たくさんの方々のご協力を得た。その大半の方々には、本書のなかで取り上げた事例に関連して登場していただいた。ＪＩＣＡの幹部・職員の方々には特に情報提供で協力していただき、一部の方々には励ましもいただいた。本書に登場いただいた方々を除いて、万が一にもご迷惑をおかけすることがあってはいけないので、お名前を出すことは控えることにしたい。ただＪＢＩＣとの統合を控えた改組前の社会開発部の部長であられた岡崎有二氏（現上級審議役）のご厚情に対しては、お礼の言葉も無いほどである。

本書は一開発コンサルタントの経験の範囲内で、日本の政府開発援助（ＯＤＡ）のなかで重要な位置を占める開発調査の実態と今後の方向性を論じたものである。ＪＩＣＡの方々にご協力いただきながら、ＪＩＣＡに対して一部批判的に論じている。いうまでもなく本書の内容については、私自身が個人として全面的に責任を負うものであり、またもしＪＩＣＡに不興を買うようなことがあるとしたならば、私の不徳のなせるところである。

本書執筆につき声を掛けていただいた名古屋大学大学院国際開発研究科の西川芳昭准教授、本書を一貫して担当していただいた創成社の西田徹氏には心よりお礼を申し上げたい。

最後に、この5年間程の私にとって少し難しい時期を変わらず支えてくれた妻佳蓉子にありがとうと記すことをお許し願いたい。

２００8年8月26日

父の97回目の誕生日に、カブールにて

橋本強司

文献・資料

1．本書で扱った事例の公式報告書・計画書

国際協力事業団「ヴィクトリア湖周辺地域総合開発計画調査、最終報告書、マスター・プラン・レポート」1987年10月。

―――「カラバルソン地域総合開発計画調査、最終報告書、マスター・プラン・レポート」1987年10月。

―――「東北タイ南部・東部タイ北部地域総合開発計画調査、最終報告書、要約版」1993年9月。

―――「中部ルソン開発計画調査、最終報告書、要約版」1995年9月。

―――「スリランカ南部地域総合開発計画調査、最終報告書、要約版」1997年2月。

―――「ダバオ地域総合開発計画調査、最終報告書、要約版」2005年5月。

―――「モザンビーク国アンゴニア地域総合開発計画調査、最終報告書、要約版」2001年10月。

独立行政法人国際協力機構「エルサルバドル国経済開発調査、最終報告書、要約版」2004年3月。

―――「シリア国ダマスカス首都圏総合都市計画策定調査、最終報告書、要約版」2008年3月。

Japan International Cooperation Agency (JICA), "The Study of Integrated Regional Development Master Plan for the Lake Basin Development Area, Final Report," October 1987.

JICA, "The Master Plan Study on the Project CALABARSON, Final Report," October 1991.

―――, "The Study on Regional Development Plan for the Upper Northeast and Lower East Regions in the

Kingdom of Thailand, Final Report," September 1993.

———, "The Master Plan Study for Central Luzon Development Program, Final Report," September 1995.

———, "The Master Plan Study for Southern Area Development in the Democratic Socialist Republic of Sri Lanka, Final Report," February 1997.

———, "The Study on the Davao Integrated Development Program Master Planning, Final Report," March 1999.

———, "The Study on the Integrated Development Master Plan of the Angonia Region in the Republic of Mozambique, Final Report," October 2001.

———, "The Study on Economic Development, Focusing on the Eastern Region of the Republic of El Salvador, Final Report," March 2004.

———, "The Study on Urban Planning for Sustainable Development of Damascus Metropolitan Area in the Syrian Arab Republic, Final Report," March 2008.

2．事例に関わる報告書、論文、記事等

フィリピン・中部ルソン開発プログラム

Dacanay, Marie Lisa M., "JICA-Funded Central Luzon Master Plan Study: A New Arena for Advocacy," Rural Reconstruction Forum, April/June 1994.

———, "The Central Luzon Master Plan Study Report: Modest Gains," Rural Reconstruction Forum, Jan/June 1995.

RECS International Inc., "A Review of Central Luzon Development Program Social Projects/Programs," March 1998.

橋本強司「西中部ルソン開発計画調査におけるＮＧＯとの協力」ＪＩＣＡ及び外務省に提出したメモ、１９９４年1月。

フィリピン・カラバルソンプロジェクト

木村宏恒『フィリピン・開発・国家・ＮＧＯ―カラバルソン地域総合開発計画をめぐって』三一書房、１９９８年。
諏訪　勝『破壊―ニッポンＯＤＡ40年のツメ跡』青木書店、１９９６年。
小島延男・諏訪　勝『これでいいのかＯＤＡ！―ＮＧＯがみたフィリピン援助』三一書房、１９９６年。
"Heart to Heart: Project CALABARSON, Informed and Involved," Look Japan Vol. 37, No. 432, March 1992.

フィリピン・ダバオ総合開発プログラム

Association of Development NGOs in Region XI (ASDAR), "Development of PO-NGO Priority Programs and Projects – in relation to the Davao Integrated Development Master Plan," October 15, 1998.
橋本強司「フィリピン、ミンダナオ島とダバオ地域の開発」ＥＣＦＡニュース、１９９８年5月。

東北タイ南部・東部タイ北部地域開発

国際開発学会「タイ首都圏と地方との地域間格差是正、報告書」（ＪＩＣＡ委託）２００1年3月。

橋本強司「東北タイ南部・東部タイ北部地域総合開発計画について」バンコク日本人商工会議所報、１９９2年11月号。

シリア・ダマスカス首都圏都市計画

松原康介「シリア国際協力の先人　建築家・番匠谷尭二（1）」ＪＩＣＡシリア事務所報「アハバール・カシオン」No.１５７、２００６年1月8日号。

―――「シリア国際協力の先人　建築家・番匠谷尭二（2）」ＪＩＣＡシリア事務所報「アハバール・カシオン」No.１７８、２００６年7月16日号。

橋本強司「ダマスカス首都圏総合都市計画策定調査」ＪＩＣＡシリア事務所報「アハバール・カシオン」No.１６３、

２００６年２月10日号。

エルサルバドル経済開発調査

若松聡美さんからの個人的聴取、２００８年３月17日。

岡林勇航氏からの個人的聴取、２００８年３月24日。

ＪＩＣＡエルサルバドル事務所のウェブサイト。

Millenium Challenge Corporation, "About the Millennium Challenge Account," FOMILENIO website, 17 March 2008.

National Commission for Development (CND), "Strategy for Sustainable Development of the Northern Zone of El Salvador - Summary of the Proposal for Financial Support from the Millenium Challenge Corporation," May 2006.

３．その他

小林英夫『満鉄調査部『元祖シンクタンク』の誕生と崩壊』平凡社新書、平凡社、２００５年。

海外技術協力事業団『10年の歩み』１９７３年。

国際協力事業団「年報１９７４年～１９８８年」。

――「国際協力事業団25年史」１９９９年８月。

――「フォローアップ調査（開発インパクト評価）」２０００年10月。

――「平成12年度鉱工業プロジェクトフォローアップ調査報告書（試行的案件評価によるフォローアップ調査）」２００２年３月。

――「開発調査実施済案件評価調査（評価調査報告書）」２００２年10月。

――「平成13年度鉱工業プロジェクトフォローアップ調査報告書（案件評価手法によるフォローアップ調査）」

2003年3月。

独立行政法人国際協力機構「平成15年度鉱工業プロジェクトフォローアップ調査（案件評価手法によるフォローアップ調査）ベトナム、タイ、インドネシア」2004年3月。

――「平成15年度開発調査実施済案件評価調査（地形図・観光）」2004年3月。

――「平成16年度開発調査実施済案件評価調査（道路・港湾）」2005年3月。

――「平成18年度開発調査実施済案件現状調査報告書（経済開発プロジェクトフォローアップ調査）」2007年3月。

――「開発調査実施済案件現状調査（フォローアップ調査）現状把握調査報告書」2007年3月。

国際協力機構国際協力総合研修所「援助の潮流がわかる本―今、援助で何が焦点となっているのか」2000年、国際協力出版会。

国際協力機構「援助アプローチ」分野課題チーム「キャパシティ・ディベロップメント　ハンドブック」2004年3月。

橋本強司『これからの開発コンサルティング―国際協力の最前線から』勁草書房、1992年。

――『日本を変える　日本人が変わる』山手書房新社、1995年。

――『地域開発プランニング―その考え方・手法・海外事例』古今書院、2000年。

――『匿名性とブラックボックスの時代』文芸社、2006年。

――「ODA改革をめざすJICA開発調査の〝質の向上〟」『国際開発ジャーナル』2001年9月号。

――「開発コンサルタントは国民ではないのか」『国際開発ジャーナル』2002年11月号。

――「貧困削減に資する経済成長のためのODAインフラの意味」『国際開発ジャーナル』2004年6月号。

――「開発コンサルタントの役割」『日本の国際開発協力』第7章、シリーズ国際開発第4巻、日本評論社、２００５年。

荒木光弥「関係者、第三者はこうみる　第2次ODA改革懇談会の『提言評価』」『国際開発ジャーナル』２００２年6月。

――「台頭する経済成長と貧困削減との結び付き　注目されるODAインフラの新しい役割」『国際開発ジャーナル』２００４年4月号。

――「ODAの透明性は高められるか――『国別援助計画』と実施の一貫性」『国際開発ジャーナル』２００４年4月号。

――「『国際開発センター』育ての親河合三良さん逝去」『国際開発ジャーナル』２００６年12月号。

「『マヤ・ブルー』復活へ」読売新聞２００２年9月18日夕刊。

「独立行政法人　発注の6割随意契約」読売新聞、２００７年4月8日朝刊。

鷲見一夫『ODA援助の現実』岩波新書、岩波書店、１９８９年。

Serrano, Isagani R., "On Civil Society," Monograph Series, Philippine Rural Reconstruction Movement, 1993.

――, "Grow Now, Pay Later," presented at the Greeting and Growth Seminar Series on 3 August 1993, organized by the Convergence for Community-Centered Area Development.

鶴見良行『バナナと日本人――フィリピン農園と食卓のあいだ』岩波新書、岩波書店、１９８２年。

深田祐介『炎熱商人』文春文庫、文藝春秋、１９８４年。

World Bank, "World Development Report 1999/2000 — Entering the 21st Century,"

田中　高『日本紡績業の中米進出』古今書院、１９９７年。

藤林　泰・長瀬理英編著『ODAをどう変えればいいのか』コモンズ、２００２年。

《著者紹介》

橋本強司（はしもと　つよし）

1949年 東京生まれ

1972年 東京大学工学部建築学科卒

その後，南カリフォルニア大学で修士（環境工学），コーネル大学でPh. D.（水資源計画，経済，オペレーションズ・リサーチ）取得。国際応用システム分析研究所（IIASA；オーストリア・ウィーン），㈶国際開発センター，日本工営株式会社（都市・地域開発部次長）を経て，1995年㈱レックス・インターナショナルを設立，代表取締役。2001年より学習院大学経済学部非常勤講師。

専門分野　地域開発，環境，組織・制度，水資源管理，プロジェクト経済，都市計画。

著書 『これからの開発コンサルティング』（勁草書房）1992年

『日本を変える　日本人が変わる』（山手書房新社）1995年

『21世紀のアジア国際河川開発』（勁草書房，共編著）1999年

『地域開発プランニング―その考え方・手法・海外事例』（古今書院）2000年

『匿名性とブラックボックスの時代』（文芸社）2006年 他

プロジェクト計画・評価関連の論文（英文）多数

「水資源計画における評価手法」

「費用分担とプロジェクト評価」

「多目的計画法による水資源配分」

「水資源・地域開発におけるアジアの経験」他

（検印省略）

2008年10月10日　初版発行　　略称－開発調査

開発調査というしかけ

―途上国と開発コンサルタント―

著　者　橋　本　強　司

発行者　塚　田　慶　次

発行所　東京都豊島区池袋3－14－4　株式会社　創　成　社

電　話 03（3971）6552　F A X 03（3971）6919

出版部 03（5275）9990　振　替 00150-9-191261

http://www.books-sosei.com

定価はカバーに表示してあります。

ISBN978-4-7944-5027-2 C3234

Printed in Japan

組版：でーた工房　印刷：平河工業社

製本：宮製本

落丁・乱丁本はお取り替えいたします。

創成社新書・国際協力シリーズ刊行にあたって

グローバリゼーションが急速に進む中で、日本をはじめとする多くの先進国において、市民が国内情勢の変化に伴って内向きの思考・行動に傾く状況が起こっている。地球規模の環境問題や貧困とテロの問題などグローバルな課題を一つ一つ解決しなければ私たち人類の未来がないことはわかっていながら、一人ひとりの私たちにとってなにをすればいいか考えることは容易ではない。情報化社会とは言われているが、わが国では、世界で、とくに開発途上国で実際に何が起こっているのか、どのような取り組みがなされているのかについて知る機会も情報も少ないままである。

私たち「国際協力シリーズ」の筆者たちはこのような背景を共有の理解とし、このシリーズを企画した。すでに多くの類書がある中で、私たちのシリーズは、著者たちが国際協力の実務と研究の両方を経験しており、現場の生の様子をお伝えするとともに、それらの事象を客観的に説明することにも心がけていることに特色がある。シリーズに収められた一冊一冊は国際協力の多様な側面を、その地域別特色、協力の手法、課題などからひとつをとりあげて話題を提供している。また、国際協力を、決して、私たちから遠い国に住む人々のためだけの利他的活動だとは理解せずに、国際協力が著者自身を含めた日本の市民にとって大きな意味を持つことを、個人史の紹介を含めて執筆者たちと読者との共有を目指している。

本書を手にとって下さったかたがたが、本シリーズとの出会いをきっかけに、国内外における国際協力や地域における生活の質の向上につながる活動に参加したり、さらに専門的な学びに導かれたりすれば筆者たちにとって望外の喜びである。

国際協力シリーズ執筆者を代表して
西川芳昭